REFLEXÕES SOBRE A CONSTRUÇÃO DE UM INSTRUMENTO POLÍTICO:
Contribuição ao I Congresso do Partido dos Trabalhadores

Florestan Fernandes

REFLEXÕES SOBRE A CONSTRUÇÃO DE UM INSTRUMENTO POLÍTICO:
Contribuição ao I Congresso do Partido dos Trabalhadores

1ª edição
Expressão Popular
São Paulo – 2019

Copyright © 2019 by Editora Expressão Popular
Copyright © da primeira publicação: 1991, Cortez editora/
Autores Associados, São Paulo, 1991

Revisão: *Cecília Luedemann, Miguel Yoshida e Lia Urbini*
Projeto gráfico, diagramação e capa: *ZAP Design*
Imagem da capa: *Florestan Fernandes joga a gravata, manifestação em BSB [Foto de Carlos Menandro - Jornal de Brasília]
Acervo FF UFSCar*

Dados Internacionais de Catalogação-na-Publicação (CIP)

F363p Fernandes, Florestan, 1920-1995
Reflexões sobre a construção de um instrumento político: contribuição ao I Congresso do Partido dos Trabalhadores / Florestan Fernandes. —1.ed.— São Paulo : Expressão Popular, 2019.
100 p.

Indexado em GeoDados - http://www.geodados.uem.br.
ISBN 978-85-7743-353-7

1. Partido dos Trabalhadores (Brasil). 2. Partidos políticos – Brasil. I. Título.

CDU 329(81)
CDD 324.20981

Catalogação na Publicação: Eliane M. S. Jovanovich CRB 9/1250

Todos os direitos reservados.
Nenhuma parte deste livro pode ser utilizada
ou reproduzida sem a autorização da editora.

1ª edição: março de 2019

EDITORA EXPRESSÃO POPULAR
Rua Abolição, 201 – Bela Vista
CEP 01319-010 – São Paulo – SP
Tel: (11) 3112-0941 / 3105-9500
livraria@expressaopopular.com.br
www.facebook.com/ed.expressaopopular
www.expressaopopular.com.br

SUMÁRIO

Nota editorial 7

Apresentação 9
    O PT: socialismo e marxismo 9

Fundamentos de um programa para o PT 23
    I 23
    II 36
    III 49

PT: os dilemas da organização 65
    Transformação e dissolução da ordem 66
    A luta pelo socialismo 87

NOTA EDITORIAL

Gostaríamos de agradecer aos familiares de Florestan Fernandes – na pessoa de Florestan Fernandes Jr. – que, solidária e gentilmente, nos autorizaram a reedição deste livro. Agradecemos também a Vladimir Sacchetta, pelo apoio.

Este texto foi originalmente publicado pela editora Cortez/Autores Associados, em 1991, sob o título *O PT em movimento:* Contribuição ao I Congresso do Partido dos Trabalhadores. O novo título procura contemplar o objetivo do texto, contextualizando-o.

Na atual conjuntura – de franco retrocesso para os/as trabalhadores/as – este livro se faz mais atual e relevante que nunca. Com ele, esperamos contribuir na formação de todos/as, tal como o autor do livro, comprometidos com os "de baixo" e com a construção de uma nova sociedade.

Com esta edição, sentimo-nos orgulhosos por possibilitar às novas gerações o acesso à obra de Florestan e por contribuir para manter seu legado teórico e político vivos.

Os editores

APRESENTAÇÃO

O PT: socialismo e marxismo

Tornou-se corrente a condenação do marxismo e o uso do conceito ambíguo de "socialismo democrático" após os acontecimentos do Leste europeu e as alterações que ocorrem na União Soviética. A condenação do marxismo é extemporânea e seria inconcebível qualquer manifestação do socialismo que não fosse democrática. A questão que se põe possui significado diverso. Surgiu, a partir de sindicatos, confederações operárias e partidos políticos da esquerda europeia, uma forte pressão ideológica para que os movimentos sociais da periferia adotem modelos social-democráticos. O que se autoproclama como socialismo, na Europa, reduz-se a uma social-democracia pequeno-burguesa deturpada, que entrega a cabeça aos capitalistas e o coração aos assalariados. Incorporados à participação eleitoral e às instituições oficiais, os sociais-democratas renegaram primeiro o marxismo e, depois, o socialismo propriamente dito. Não há dúvida que a social-democracia aprofundou a reforma social, impregnando a revolução dentro da ordem de conteúdos e esperanças inovadores. Porém ela se confundiu com o *welfare state* [Estado de bem-estar social] a ponto de esquecer que seus símbolos, ideologias, utopias e funções revolucionárias jamais deveriam ser meios para a defesa e reprodução da sociedade civil lastreada no capital oligopolista.

À custa da participação, das eleições, da aceitação do poder "em benefício da nação", despiram-se da identidade socialista e da vocação revolucionária. As críticas a uma democracia de bases econômicas, sociais e políticas limitadas, pela qual os grandes capitalistas cedem os anéis e preservam intacto o seu poder de classe, foram postas de lado, sob os argumentos já sustentados no fim do século XIX por Bernstein com maior brilho teórico... Contrapôs-se a democracia do capital à democracia socialista e comunista, como se os operários, em particular, e os assalariados, em geral, forjassem, com as revoluções, exclusivamente Estados totalitários. Ora, o anarquismo, o socialismo e o comunismo nasceram com a crítica da propriedade privada, do trabalho como mercadoria, da divisão social do trabalho, da acumulação capitalista acelerada, da classe como formação institucional de dominação social e ideológica das elites da burguesia, da sociedade civil como produto da concentração da renda, da subalternização das classes assalariadas e da sua marginalização permanente, do Estado capitalista como modalidade de democracia restrita apesar das constituições e das eleições.

Vale a pena citar algumas conclusões de Adam Przeworski, um fecundo estudioso da social--democracia. Em sua obra *Capitalismo e social democracia,* ele aponta que

> o compromisso básico entre os sociais-democratas e o capital privado é, portanto, uma expressão da própria estrutura da sociedade capitalista. [...] Os sociais-democratas protegem os lucros das reivindicações das massas porque as políticas redistributivas radicais não são vantajosas para os trabalhadores. O mecanismo não foi projetado deliberadamente, mas o fato é que o funcionamento do sistema capitalista apresenta-se de modo tal que se os lucros não forem suficientes, as taxas de salário e o nível de emprego acabam por declinar. [...] Esse é o motivo por que os sociais-democratas abrem mão da abolição da propriedade privada dos meios de produção em troca da cooperação dos capitalistas na ele-

vação da produtividade e na distribuição dos ganhos. Por isso é que os sociais-democratas não só procuram reproduzir o capitalismo mas também lutam para aperfeiçoá-lo, mesmo enfrentando a resistência dos capitalistas. [...] *Os sociais-democratas não conduzirão as sociedades europeias ao socialismo* (grifo meu).

[Adiante, enfatiza:] "Onde foram bem-sucedidos, os sociais-democratas institucionalizaram um compromisso relativamente sólido entre organizações de operários e capitalistas."

Os verdadeiros anarquistas, socialistas e comunistas não podem endossar a confusão entre a social-democracia moderna – submetida à iniciativa privada, aos interesses capitalistas e ao "Estado de direito" capitalista – e o socialismo, que serviu de vertente às correntes radicais dos operários e assalariados do fim do século XIX aos nossos dias. Oferecem-nos uma democracia. Mas não precisamos rezar diante dela as preces farisaicas dos que entenderam que ela seria a única saída entre o "socialismo real e totalitário" e a "liberdade". Excluindo-se Rosa Luxemburgo, os primeiros críticos autênticos das distorções de certa versão do "marxismo-leninismo" – que seria furiosamente repelida por Marx e Lenin – foram os próprios bolcheviques que se mantiveram fiéis à tradição democrática do marxismo revolucionário. Eles se opuseram aos mencheviques, que levantaram bandeiras social-democráticas para trair a revolução, e tentaram impedir – às vezes pagando com sua vida ou sofrendo a prisão, a difamação, o ostracismo e o desterro – a deformação dos sovietes, do partido, da transição socialista e do Estado prisioneiro de múltiplas "deformações burocráticas". Por isso, os petistas não devem se deixar iludir. Eles precisam se fazer duas perguntas: 1ª) A social-democracia, adulterada para servir às nações capitalistas centrais, é viável na periferia e nela perderia o caráter de uma capitulação dos trabalhadores e dos assalariados de outros escalões ao despotismo do capital? 2ª) O PT manterá a natureza de uma *necessidade histórica* dos trabalhadores e dos movimentos sociais radicais se preferir a "ocupação do poder" à ótica revolucionária marxista?

Depois que a "crise do Leste" e a "morte do socialismo" deixaram de ser novidade, os problemas vitais dos trabalhadores e dos oprimidos da periferia sobem à tona. E muda, também, o teor da discussão. O que deu origem ao PT? A inexistência de um partido dos de baixo que pudesse atuar, simultaneamente: na criação de uma democracia que conferisse peso e voz aos trabalhadores e aos oprimidos na atual sociedade de classes, realizando tarefas políticas monopolizadas pelos de cima; abrir a ordem existente para reformas sociais de interesse específico para os trabalhadores e os oprimidos; formar as premissas históricas de uma revolução socialista. O PT desprendeu-se quer do populismo dos partidos das classes dominantes, quer do oportunismo de partidos de esquerda, que se conformavam com os papéis de cauda da política burguesa, pseudoprogressista e pseudodemocrática. Os objetivos decorrentes das duas alternativas levavam a nada, pois anulavam o inconformismo, o reformismo e o revolucionismo dos trabalhadores e dos seus aliados orgânicos. Daí o encaminhamento de uma posição de luta que refutava o socialismo burocrático, a ditadura militar, os artifícios da burguesia reacionária ou conservadora e os propósitos espoliativos do imperialismo. Em uma situação extremamente difícil, o PT eclodiu como a via que poderia unir os trabalhadores e seus aliados orgânicos nas várias batalhas simultâneas que deveriam enfrentar para que brotasse uma república democrática e a conquista do socialismo não se restringisse à mera retórica.

O PT ainda está longe de alcançar os dois objetivos. Não obstante, acrescentaram-se outros desafios, mais complexos e árduos. A aparente vitória das nações capitalistas e de sua superpotência indica que elas só temem, de fato, o socialismo e o comunismo. É preciso encarar a realidade como ela se apresenta: os movimentos revolucionários e as nações em transição para o socialismo, malgrado suas deficiências e anomalias, eram ou são os perigos que as ameaçam. O socialismo e o comunismo, em plena crise, configuram-se como o "fantasma" que ronda o capitalismo oligopolista e poderá arruiná-lo. A história não se repete. Mas a Europa e os Estados Unidos viveram situações similares às que assistimos nos cenários tão distintos provocadas pelos colapsos de revoluções nacionalistas libertárias e socialistas. Lembremo-nos: o capitalismo sobreviveu às crises pós-revolucionárias burguesas e desfruta o clímax do seu desenvolvimento. Por que seria outra a evolução do socialismo? O que assistimos não é uma regressão ou um desmoronamento. Ao contrário, observamos o êxito passageiro de contrarrevoluções bem arquitetadas e aproveitadas. Elas foram beneficiadas pelas deformações e frustrações do nacionalismo libertário incipiente e do socialismo centralizado, em insustentável contradição com suas bases econômicas, sociais e políticas ou com as expectativas dos cidadãos. A convulsão desses regimes contém, bem ponderadas as coisas, um processo progressivo. Ela impõe muitas revisões construtivas, das quais nascerá a consciência clara de erros que devem ser evitados e práticas que vincularão melhor a destruição da herança institucional capitalista com a construção de uma *sociedade nova*, através das tormentosas transformações socialistas e do advento do comunismo. Dentro desse ângulo histórico, como sucedeu com o capitalismo, a crise desvenda-se, no essencial, como benéfica e restauradora. Assinala desvios que não devem se concretizar de maneira esporádica ou permanente e ressalta o quanto a autogestão coletiva democrática deve ser seguida à risca, como apontaram reiteradamente K. Marx e F. Engels.

Na situação nacional, o PT depara-se com dilemas análogos. Ele quase provocou uma ruptura irreversível com o passado nas eleições presidenciais. Os fatos crus evidenciaram, logo a seguir, que não sucedera um salto qualitativo na história. Modificações superficiais ou profundas alteraram a estrutura e o funcionamento da economia, da sociedade e do Estado. Mas as modificações são desconexas e seus efeitos dispersivos. O PT saiu das eleições com a imposição de rever suas concepções e práticas políticas, diante da irradiação do socialismo, da luta de classes, das relações com os sindicatos e a CUT, com os trabalhadores da terra e do complexo industrial, comercial e de serviços, com os radicais da pequena burguesia e das classes médias, com o movimento negro, o movimento indigenista, o movimento das mulheres, o movimento ecológico, o movimento dos favelados etc. E é imperioso que corrija suas relações recíprocas com a esquerda reformista e revolucionária. De outro lado, se não pode se ater às "alterações de cima para baixo", também não pode ignorá-las, o que exige uma complicada estratégia no combate defensivo e ofensivo com as elites das classes dominantes (dos empresários e capitalistas aos militares). Mas cumpre não ignorar: *sem consciência social socialista não há reforma social nem revolução*. O PT vê-se impelido para a frente pelas forças sociais que ele representa, unifica e orienta para "ocupar o poder". Isso é pouco, no entanto, porque deve se preparar para ir mais longe: conquistar o poder e solucionar a questão do Estado. Em consequência, ultrapassou os imperativos políticos do seu ventre materno, o ABCD. Precisa refundir os fundamentos de sua existência e propor-se em termos mais exigentes seus problemas de organização. Se não fizer isso, neste instante, perder-se-á como partido de massas, socialista e revolucionário. Oscilará de posição, convertendo-se em partido da ordem, de centro-esquerda, uma fatalidade brasileira.

Resumindo ao essencial, esse é o solo histórico e a desafiadora problemática política do PT. Todo partido marcado para desempenhar fins decisivos acaba por ser posto diante da hora da verdade. Com raízes sindicais e radicais profundas, neste momento o PT precisa avançar contra a corrente (nacional e internacional), opondo-se aos que preferem uma fácil acomodação social-democrata com a ordem. Ele não é mais o "braço político" do movimento sindical. É a expressão de um vasto acúmulo secular de ansiedade coletiva dos de baixo por um ser humano novo, uma sociedade nova, uma cultura nova e uma República democrática. Cumpre-lhe retirar a luta sem tréguas por trabalho, por educação, por padrões de vida mínimos da imensa maioria da população e por liberdade com igualdade, do contexto de reivindicações isoladas, imediatistas e corporativas. Uma greve, sem espaço político, esgota-se em si e por si mesma. Com a presença ativadora do PT ela ganha outra dimensão como luta de classes e fator de contrapeso da hegemonia ideológica das classes dominantes. O protesto negro ergue-se como objetivação ímpar de desmascaramento da democracia como mito. Largado aos embates individuais ou de pequenos grupos rebeldes, ele se dissipa, sufocado por falta de espaço político. O PT pode descerrar esse espaço político, inserindo nos entrechoques a junção de raça e classe. E assim por diante – a cada movimento social correspondem funções defensivas e ofensivas, desde que o partido que pode fundir as formas de frustração e as necessidades de mudança se desincumba de suas tarefas históricas.

Este Primeiro Congresso situa o PT em sua maturidade como partido socialista. Cabe a pergunta: um partido pode alcançar a sua maturidade tão depressa, em dez anos?! Parece evidente que a sociedade na qual vivemos não contém os requisitos estruturais e dinâmicos que permitam suscitar tal desfecho. Os ritmos históricos são lentos demais e a acumulação de forças caminha mais depressa em favor das classes dominantes, bafejadas pela dominação imperialista externa. A história, todavia, não está parada e os ritmos históricos lentos desiludem e irritam as classes ou frações de classes, os estratos raciais e étnicos, as categorias sociais dos subalternizados e reprimidos. A todos eles, o que falta é a consciência social comum de que as condições de barbárie existente são fomentadas e expandidas pelo capitalismo, enquanto o socialismo se prefigura como a única promessa de que eles imponham, por suas mãos e ação coletiva convergente, as transformações de uma realidade odiosa e indesejável. Portanto, é das mãos, da consciência social revoltada e da ação coletiva organizada dos de baixo que resultarão os requisitos estruturais e dinâmicos que faltam para que eles próprios passem do ranger de dentes para a organização de uma democracia da maioria e dela para o socialismo.

As duas teses coligidas neste pequeno volume esboçam uma concepção marxista dessa passagem, pela qual o PT encetaria uma idade adulta mais fecunda. Elas não seriam escritas se eu não acreditasse que o PT, como partido de hegemonia operária e socialista, não pudesse ser *radical* na acepção marxista. O alvo central dos socialistas revolucionários permanece vivo e atuante.

> Não se pode tratar, para nós, apenas de uma mudança na propriedade privada, mas sim de sua destruição; não se trata de atenuar os antagonismos de classe, mas de abolir as classes; não se

trata de melhorar a sociedade existente, mas sim da criação de uma sociedade nova.

Essas palavras de Marx e Engels ressoam nos ouvidos dos socialistas de todas as épocas e nunca perderão sua atualidade enquanto sobreviver o capitalismo. Por mais que o capitalismo progrida e tente reparar as condições de vida dos assalariados, ele não elimina a propriedade privada (principalmente no modo de produção), não suprime as classes e as desigualdades de classe (com a concentração social e racial da riqueza, da cultura e do poder) e não forja uma sociedade instituída sob a liberdade maior, isto é, a liberdade com igualdade, de democracia integral. O PT não pode se perder nos debates circunscritos à negação da luta de classes, da urgência de superar a alienação social dos trabalhadores e da sua capacidade de conquistar o poder. O seu percurso, daqui para diante, terá de se orientar, a largo prazo, pelo ideal supremo: *"De cada um, segundo sua capacidade; a cada um, conforme suas necessidades"*.

São Paulo, 2 de julho de 1991.
Florestan Fernandes

FUNDAMENTOS DE UM PROGRAMA PARA O PT

O Partido dos Trabalhadores propõe-se a fortalecer e dirigir o movimento social que se volta para a transformação da ordem existente, para consolidar a democracia, promover a formação de uma sociedade socialista e instituir a associação indissolúvel entre liberdade e igualdade em todas as relações humanas. Seu escopo histórico consiste em atingir uma época na qual a evolução da civilização progrida sem provocar manifestações concomitantes de barbárie.

I

1) O socialismo nasceu em contraposição às formas específicas de desigualdades econômicas, sociais e políticas, geradas pelo capital industrial e pela dominação de classe correspondente. A acumulação acelerada de capital sustentou a expropriação permanente e crescente do excedente econômico produzido pelos trabalhadores e exigiu

que a sociedade civil, o direito e o Estado constitucional representativo articulassem institucionalmente, de modo perverso e encoberto, liberdade, repressão e opressão.

2) Em sua versão operária radical, o socialismo significa superação e supressão: da força de trabalho como mercadoria; da propriedade privada dos meios de produção; da separação entre trabalho manual e intelectual; da divisão do trabalho; da exploração do homem pelo homem; da deformação da educação para servir à hegemonia ideológica das classes dominantes; do preconceito, discriminação e segregação, com motivos econômicos ou não, de classe, de raça, de etnia, de nacionalidade, de sexo, de idade, de religião ou de convicções filosóficas; do imenso complexo do vício organizado; da fabricação da neurose, da psicose e da alienação social provocada; dos poderosos cartéis das drogas e de sua disseminação; do uso mercantil ou destrutivo da ciência e da tecnologia científica; da existência da classe, da dominação de classe e da sociedade de classes; da indiferença à metropolização intensiva e ao aparecimento de megalópoles, núcleos de concentração da pobreza relativa e da pobreza absoluta, bem como da difusão do vício comercializado;

do armamentismo e do militarismo como pilares da tirania, do colonialismo e do imperialismo; da guerra em todas as suas modalidades, nas relações entre povos ou nações e na "partilha do mundo". O socialismo aspira a que a "era de descoberta e penetração no espaço sideral" abra à humanidade novos horizontes de aperfeiçoamento da qualidade de vida e de compreensão da posição dos seres humanos no cosmos, evitando-se as tragédias que se seguiram à "era dos descobrimentos marítimos".

3) Nessa versão, o socialismo postula: a) que a felicidade é um direito primordial e deve ser garantida a todos os indivíduos e comunidades humanas; b) que os seres humanos fazem parte da natureza e da "teia natural da vida", devendo compartilhar de todos os projetos de proteção do meio ambiente ou de combate à ocupação destrutiva da terra e à devastação dos ecossistemas; c) que os trabalhadores e seus aliados no sentido mais amplo devem se bater coletivamente pela socialização dos meios de produção e para que as descobertas das últimas revoluções científicas e tecnológicas – como os computadores, os robôs, as novas formas de energia (por exemplo, a nuclear), a automação etc. – sejam utilizadas para aumentar o grau de racionalidade das relações da civilização

com a natureza, a organização da personalidade
e da sociedade, proporcionando a ampliação do
lazer construtivo e maior liberdade, em vez de
serem reduzidas, pura e simplesmente, a meios de
metamorfose do modo de produção capitalista-
-oligopolista, de seu padrão de dominação de
classe e de imperialismo, do sistema mundial
de poder das corporações gigantes e das nações
capitalistas centrais; d) que a consciência social
independente e a emancipação dos trabalhadores
são adquiridas pelos próprios trabalhadores nas
condições concretas de trabalho e nas lutas de
classes; e) que a fórmula ideal "de cada um segundo sua capacidade, a cada qual conforme suas
necessidades" venha a ser o eixo da vida social
no seio da sociedade socialista avançada; f) que
o perecimento do Estado opressivo se processe a
partir de uma nova formação estatal libertária e
igualitária, alicerçada na democracia da maioria
e na soberania popular, até chegar-se à autogestão
coletiva vinculada ao planejamento democrático
e ao comunismo; g) que o socialismo conte como
requisito para favorecer o livre desenvolvimento
da personalidade e da imaginação inventiva, em
todas as direções, e garanta o aproveitamento real
dos talentos, sem qualquer espécie de restrição ou

constrangimento; h) que sob o socialismo vigore o preceito "direitos e deveres iguais para todos".

4) O socialismo operário radical comporta uma vasta rede de adaptações da luta de classes, dentro ou com referência à ordem social vigente em uma sociedade de classes. Mesmo em países nos quais a burguesia desagregou o antigo regime e se instalou no poder por via revolucionária, como a Inglaterra, a França ou os Estados Unidos, depois de se tornar classe dominante, ela recorreu a diversas combinações dos métodos convencionais parlamentares, à reforma social e à resistência ou esterilização política de mudanças sociais revolucionárias. O movimento operário desenvolveu, em consequência, táticas defensivas e ofensivas de luta de classes, através de organizações culturais, sindicatos, centrais operárias e partidos políticos. Isso não impediu a interrupção da revolução burguesa, a partir de cima, e sucessivos congelamentos prolongados da estabilidade política "em defesa da ordem". Mas conferiu ao movimento operário uma rica experiência no manejo da luta de classes para forçar inovações tópicas "melhoristas" e "reformistas" ou para separar "revoluções dentro da ordem" exequíveis das "revoluções contra a ordem" utópicas. O crucial é que os trabalhadores

se incluíram, como e enquanto classe, entre os agentes históricos, forçando a maioria das grandes transformações sociais do mundo moderno, que figuram na consciência burguesa e na "história oficial" como inovações das elites no poder. Entre as transformações repontam desde a modificação das condições de trabalho, da jornada de trabalho, elevação dos salários, redistribuição da renda e padrões decentes de vida, até a participação simbólica dos trabalhadores na administração da empresa, a conquista de códigos de trabalho mais equitativos, da seguridade social, da expansão e democratização do ensino etc. Excluindo-se as tentativas de revoluções nacionalistas ou proletárias e de transição ao socialismo, as alterações mais dramáticas apareceram no projeto burguês de cooptar os trabalhadores através de compromissos políticos com a ordem social estabelecida. "Estados de bem-estar social" (apesar de sua vulnerabilidade às crises econômicas de porte) e regimes de social-democracia (malgrado seu enquadramento pelos dinamismos da sociedade capitalista e as alternâncias de partidos conservadores e reacionários no poder) atestam aonde chegou o pânico burguês e o alcance da reforma social como alternativa à revolução socialista. Embora seja difícil isolar sociologicamente os efeitos da pressão operária (do trabalhador manual e do trabalhador intelectual) dos efeitos concomitantes da metropolização e do consumo de massa, parece evidente que o movimento social dos trabalhadores afetou profundamente as disposições conciliadoras das classes burguesas sob o capitalismo competitivo e na primeira fase de desenvolvimento do capitalismo monopolista.

5) O capitalismo oligopolista da época atual traz consigo elementos de rigidez que entravam as propensões conciliatórias da burguesia e que tendem a inibir as exigências reformistas das massas pauperizadas, das classes trabalhadoras e dos estratos assalariados das classes médias. No terreno econômico, ele adere a um "neoliberalismo" sem consistência ideológica e sem dimensões utópicas. É antes uma mistificação, que ergue uma blindagem a qualquer autoexplicitação do seu significado. Em suas duas polaridades teóricas – neoclássica conservadora e neoclássica liberal – assume uma posição de defesa intransigente do *statu quo*. Depois da exaustão do liberalismo só poderia acontecer isso: o qualificativo "liberal" apenas tem sentido como proposição da abertura do mercado para as corporações gigantes e o enlace do governo

com o desenvolvimento capitalista, especialmente na transferência do máximo de riqueza pública nacional para o setor privado (em termos dos interesses das corporações gigantescas e do complexo industrial-militar). No plano social, o seu conservantismo apresenta dois aspectos: redução dos impostos em benefício da acumulação privada de capital e sufocação da face de "bem-estar social" patrocinado pelo Estado. Este estrangula a assistência social, restringe a partilha do excedente econômico do poder público com as minorias marginalizadas e com os miseráveis de diversas origens e categorias. Portanto, o Estado capitalista "neoliberal" fortalece a repressão enquanto aumenta as promessas de melhor distribuição da renda. No plano político também ostenta duas polaridades, ambas conservadoras e favoráveis à redefinição das prioridades políticas do "Estado democrático". A democracia depende de sua força interna de autodefesa e não de concessões aos mais fracos ou às classes subalternas. A distinção corrente entre "conservador" e "liberal" assume um teor ambivalente e confuso, porque a "defesa" e o "fortalecimento" da democracia significa, para as duas correntes, variantes de um reacionarismo implacável. O "cidadão responsável" é o ideal dos dois lados e os matizes que os distinguem convergem para uma ideologia funcional, que coloca em primeiro lugar a segurança contra os riscos do reformismo e da mudança social revolucionária, por mais tópicas e aparentemente vantajosas que elas sejam para a "defesa rígida da ordem". Daí a inexistência de propensões à negação e superação da ordem pelos de cima, incrustados nas grandes fortunas, nas tecnoestruturas e nas elites autoritárias no poder. A utopia desaparece como um mal desnecessário e o sentido da história confunde-se com a capacidade dos mais fortes de impor sua vontade de ferro (contra as classes subalternas e as nações periféricas). O espaço para o movimento social tolerado dos de baixo e de seus aliados das classes intermediárias encolhe-se tanto que muitos deles propendem para o lado aparentemente menos "duro" na terminologia e nas exterioridades. Quanto à periferia, o terceiro e o quarto mundos recebem um tratamento de linguagem diplomática com punhos de aço. Volta-se ao livre-cambismo, à rapinagem colonial disfarçada, forçando-se uma incorporação na qual a "dependência" contém ingredientes neocoloniais incontornáveis e o que importa vem a ser o espólio do comércio desigual e a exploração "modernizadora" das plataformas de importação-exportação. O capital financeiro encontra o melhor dos mundos possíveis, operando no nível ultraespeculativo e como equivalente de tropas coloniais. Realiza por completo a fusão do desenvolvimento capitalista "maduro" com a mais maléfica manifestação histórica do imperialismo.

6) Nesse quadro nefasto, os países em transição para o socialismo enfrentam crises desagregadoras ou um colapso histórico. Depois de várias décadas, suas fragilidades sobem à tona. É certo que as nações capitalistas centrais também enfrentam crises econômicas, sociais e políticas. A pulverização da Guerra Fria acabou com as vantagens relativas de manter uma economia de guerra em tempo de paz. Além disso, não foram só os Estados Unidos que se tornaram mais vulneráveis. A Alemanha e o Japão perderam a mão invisível de sua acumulação acelerada de capital e pagam em dinheiro a integração nacional ou a aventura neocolonial destinada a conferir vantagens múltiplas à superpotência (a "Guerra do Golfo"). A "crise do Leste" corresponde a uma tragédia tardia e revela que os países em transição para o socialismo ignoraram os riscos de promessas que não se cumpriram e esqueceram que a contrarrevolução está sempre ativa, através

dos inimigos internos e externos. Há quantos anos se faziam pesquisas sobre "culturas à distância" e se fomentavam estudos sobre a União Soviética, China, Cuba e os demais países? Se se toma a Rússia revolucionária como ponto de referência, os bolcheviques não são responsáveis pelos dilemas e armadilhas das correntes históricas profundas, que adiaram o atendimento das bandeiras e das palavras de ordem-chave da revolução. Esta viu-se isolada e condenada a agravar os erros das deformações pseudossocialistas – que se puseram em prática como soluções de emergência – os quais se multiplicaram em escala geométrica no decorrer do tempo. Não há como fazer aqui o balanço indispensável. O que se impõe a países com desenvolvimento capitalista desigual consiste na questão maior: por que os erros que vitimaram o socialismo em escala geométrica custaram tanto a subir à tona e qual é o significado crítico que eles possuem, quando vistos de uma ótica verdadeiramente socialista ou comunista? Não foi o terror, mas a esperança, que manteve a União Soviética empenhada em esperar "dias melhores", de correção de erros e de retificação da perspectiva política. Além disso, o desafio aparece no íntimo da crise, que poderia ser contornada apesar de tudo! "Decifra-me ou te devoro". O socialismo posto em prática sofreu distorções sucessivas, que provinham em grande parte dos atrasos insuperáveis e dissonantes que a revolução não aprendeu a resolver, principalmente depois que os primeiros desvios passaram a provocar várias séries encadeadas de outros extravios. De Hegel a Marx e Engels se falou em "povos sem história". O que faltava a esses povos? Sequências diacrônicas de processos que tinham um ponto de partida e outros de chegada? É óbvio que não! A consciência dialética e socialista dos dois revolucionários possuía uma percepção clara e refinada desse fato, o que transparece em diversos escritos. Eles pensavam nas "premissas históricas" de certas evoluções ou de determinada revolução em potencial. As premissas históricas não são produzidas pelos revolucionários. Elas existem – ou podem florescer – ou não! Ao caminhar aparentemente para a frente, uma "revolução difícil" poderá precipitar-se para o abismo. Isso não quer dizer que ela se destrua fatalmente. A crise é criadora e poderá gerar condições inexistentes. O que fica patente é que os socialistas e os comunistas precisam investigar melhor as revoluções que não encontram suportes imediatos para ir muito longe, em lapsos curtos de tempo. Certas etapas podem ser "queimadas" – não todas, em conjunto. Hoje já se pode inferir que o "desvio" da Nova Política Econômica ajudou a Revolução Russa, enquanto as tentativas de solucionar rapidamente a questão agrária golpeou-a irremediavelmente, por promissores que tenham sido vários de seus resultados. Feitas essas reflexões, pode-se concluir que a crise do socialismo precisa ser posta em confronto com a falta de saídas, mais ou menos acessíveis, do capitalismo oligopolista e de seu padrão de imperialismo. O socialismo ainda não passou por um teste definitivo e tampouco está morto. Ele mantém-se de pé e aguarda uma análise exigente e uma experimentação histórica mais favorável. Omitido o socialismo, a civilização não contará com alternativa: será condenada a um congelamento progressivo, contido no "fim" das ideologias, das utopias e da história. Tudo se passa como se Hitler renascesse das cinzas e lançasse sobre a Humanidade o anátema de que a civilização continuará a gerar a barbárie e a violência porque são poucos os que a merecem, enquanto a maioria só pode "sentir-se feliz" sob o chicote do amo...

II

1) O Brasil não é somente um país de origens coloniais: nele o colonialismo não foi destruído até o fim e até o fundo. Essa afirmação vale tanto no que concerne a uma tradição colonial – que vinca a mentalidade e certos aspectos do modo de ser das elites das classes dominantes e da capitulação passiva entre os humildes e os destituídos – quanto no que respeita à submissão às nações capitalistas centrais (na esfera dos interesses, do estilo de vida, das correntes literárias, artísticas ou filosóficas em moda etc.). A arrogância e a prepotência – e o uso da violência ocasional ou sistemática – conferem aos de cima uma vantagem decisiva sobre os de baixo, que curvam a espinha quando deveriam erguer os punhos. Essa situação está se alterando, mas muito devagar e de modo tão variável quão imprevisível. Além disso, o capital comercial exerceu um domínio quase exclusivo, do período colonial até a Primeira Guerra Mundial e a crise de 1929. Ele gerou um espírito mercantilista especulativo nos "homens de negócios", que apareceram ou se multiplicaram depois da Independência, vinculados às famílias senhoriais ou tradicionais e ao comércio e serviços. Caio Prado Júnior aponta certeiramente as influências negativas desse

elemento histórico na formação e evolução da economia, da sociedade e da cultura. Dele resultou um egoísmo ímpar nas classes dominantes, a degeneração da iniciativa privada, uma imaginação política estreita, mais empenhada na preservação do modo de produção instalado – e da ordem social que o suportava – que na instauração de um projeto histórico de nação. Em consequência, os estamentos que romperam com o pacto colonial e efetivamente se descolonizaram em face da metrópole, subindo à chefia do Estado e integrando-se horizontalmente como elites dirigentes e donos do poder, mantiveram intacto o estatuto colonial vigente para os de baixo e traficaram com os ingleses e os agentes financeiros de outras nações no sentido de implantar uma transição neocolonial daninha. Traíram e protelaram indefinidamente as aspirações ou as ilusões dos que se identificaram com um nacionalismo ativo, que colidisse com as abjeções do passado e do presente.

2) O anticolonialismo dos estamentos privilegiados e de seus aliados sociais nativos ou do exterior possuía um núcleo revolucionário inevitável: a fundação de um novo Estado. O modelo desse Estado não acarretava dilemas políticos: a casa de Bragança permitia estabelecer uma con-

tinuidade histórica e instigava a adoção de uma monarquia constitucional e parlamentarista que associava o imperador aos privilegiados através de um regime democrático qualificado e de minoria. Em um país coalhado de escravos, de libertos, de "homens pobres livres" miseráveis e menosprezados, essa complexa formação estatal não era outra coisa além de um Estado escravista – um Estado que se curvava às situações de interesse dos senhores, resguardava as estruturas coloniais vivas e punha seu poder a serviço da reprodução do escravismo. No tope, nasceu e floresceu uma democracia restrita, manipulada pelo arbítrio do "quarto poder" (o do imperador), que funcionava segundo moldes britânicos, com seus notáveis "conservadores" e "liberais", que infundiam ao Parlamento um caráter realmente ilustrado e brilhante. Esse Estado, montado artificialmente sobre bases materiais e sociais antípodas, não forjava uma "nação emergente". Geria a ordem social escravista, que não interagia com ele e não possuía nem opinião pública, nem cultura cívica e nem partidos políticos autênticos. Todo o poder se concentrava no tope e dizia respeito ao que a minoria dirigente pretendia fazer do país, com a conivência do imperador ou por meio de transações políticas que o convertiam no cabeça de uma clientela ou no patriarca de uma confederação de tribos. É inútil dizer que as práticas democráticas, que transcorriam no interior do governo e nas funções do Estado, não se infiltravam no comportamento dos representantes do "povo" e não se difundiam na massa de pessoas que com eles conviviam, na família, no engenho, na fazenda, na empresa comercial ou na sociedade provincial e na comunidade local. A "política" constituía uma área resguardada e fechada; e a "democracia" reduzia-se ao biombo do despotismo fetichizado, a uma entidade emblemática. Os que ultrapassassem essas fronteiras indevidamente pagavam caro a ousadia. Esse passado remoto colide com o dia a dia dos tempos que correm. Mas ele não se evaporou. Ao contrário, forma o subterrâneo de nosso cotidiano, corre no sangue e ferve na cabeça de muita gente, de cima e de baixo.

3) A ausência de um projeto de nação (com a montagem paralela de um Estado escravista com instituições de democracia restrita) não é fortuita e irrelevante. Ela quer dizer que existia um anteprojeto histórico de nação, vital para um Estado dessa espécie. A evolução posterior do país comprova essa verdade comezinha. Os estamentos

dominantes, à testa do Estado, irão realizar dois esforços conjugados: reforçar a escravidão e tentar promover a diferenciação da economia em proveito próprio. Os dois objetivos tinham contra eles a hegemonia inglesa e os interesses comerciais ou bancários de outras nações. À Inglaterra, a perpetuação da escravidão surgia como um obstáculo econômico a seus negócios no Brasil e como um desafio político, que punha em questão sua autoridade sobre o império nascente. A abertura dos portos garantiu sua primazia nas esferas diplomáticas e do mercado. Porém a resistência dos senhores de escravos à supressão do tráfico e à abolição mostrava que o particularismo econômico e político operava como forte equivalente da soberania insubsistente. A estratégia brasileira consistiu em admitir um envolvimento dócil na modernização do mercado interno, dos meios de transportes, na importação de bens acabados e na exportação de produtos primários, nos investimentos financeiros etc. Defendendo, todavia, com unhas e dentes os interesses senhoriais quanto ao tráfico e, principalmente, a intocabilidade da escravidão, o que restringia naturalmente a expansão do mercado interno e do consumo de produtos ingleses. Aos poucos, delineou-se espontaneamente a solução, que permitia uma harmonia razoável entre as partes e a cristalização de um setor moderno na economia interna, que envolvia o aparecimento de uma situação bem configurada de transição neocolonial. Posteriormente, o mesmo modelo seria posto em prática várias vezes. Do último quartel do século XIX até a Segunda Guerra Mundial, introduziu-se um padrão de dependência pelo qual a modernização atingiu a diferenciação da economia de modo profundo, da esfera comercial à industrial e bancária, com ampla satelização pelo mercado mundial e pelos Estados Unidos, França, Alemanha, Itália etc. Em seguida, as empresas gigantes crescem a partir da iniciativa do Estado, que passara a ter um papel marcante na formação de uma economia capaz de absorver técnicas, valores e instituições das grandes corporações. Dois estágios se sucedem, nos quais a dependência econômica sofre transformações quantitativas e qualitativas. No primeiro, operaram limitações à ingerência estrangeira nas relações com o Estado e os setores fortes da economia brasileira. No último, que está em curso, a ingerência passa a ser avassaladora: implanta, no Brasil, um fluxo modernizador, um polo diversificado de natureza neocolonial e interfere cruamente na soberania nacional. A incorporação ao sistema capitalista mundial de produção e de poder e a privatização das empresas estatais estratégicas se impõem, sob ingerência do governo e com plena anuência dos empresários e capitalistas brasileiros. Visto em conjunto, esse painel sugere que os interesses da iniciativa privada nativa ainda prevalecem sobre os eventuais interesses da nação e que ela permanece deliberadamente distante de um projeto histórico próprio de nação. Aceita a invasão externa a sangue frio e especula com a transição neocolonial ou com as situações de dependência como uma fonte imaginária de vantagens relativas, de lucros e de poder. Falta à burguesia nativa o impulso "conquistador", o que a impediu de liquidar o colonialismo até suas raízes e a induziu a se aproveitar dele, o que a afasta de um nacionalismo militante radical e o que a leva a encarar a democracia como algo formal e ritual, não como uma revolução emancipadora de caráter geral. Como contraponto, ela teme os de baixo e todas as forças sociais que se propõem realizar as tarefas que ela repudiou ou considerou menos importantes que a acumulação acelerada do capital. Por isso, a burguesia é tão conservadora, intolerante e perigosa. Ela tem de conseguir pela repressão e pela opressão o que lhe escapou das mãos por falta de visão histórica das épocas e dos mundos em que vivia.

4) Os estudiosos da transição do feudalismo para o capitalismo deveriam voltar os olhos para dentro da América Latina e do Brasil. A feudalidade deixou um legado de liberdades e de potencialidades econômicas que são incompatíveis com um país de escravidão econômica institucionalizada e no qual a massa da população era excluída e estigmatizada – libertos e "homens pobres livres", todos degradados socialmente. Graças à sua herança, a burguesia europeia logrou percorrer um largo período, no qual se lançou à ascensão social, econômica, cultural e política. E tinha dentro de si uma variada diferenciação interna, que a preparou para se bater no interior ou contra o antigo regime, associando-se aos nobres ou expulsando-os do poder. Aqui, os estamentos senhoriais privilegiados renegaram a condição burguesa e só a aceitaram quando conspiraram contra a monarquia e aliaram-se aos republicanos para a derrubar. Enquanto senhores, eles formavam o antigo regime. Depois que ficaram com o poder, inseriram-se ativamente no comércio triangular, que antes era estrangulado

por Portugal, para intensificar a acumulação originária de capital. Os imigrantes, por sua vez, sucumbiram na vida atroz do "trabalho livre" ou penetraram no circuito da poupança, através do esquema do "pai patrão", e muitos enriqueceram. Não podiam, porém, escapar às normas vigentes. Submeteram-se às imposições da ascensão social e assimilaram o horizonte cultural dos estamentos ou das classes dominantes. A acefalização social dessa nata de homens ambiciosos fortaleceu direta e indiretamente os de cima, enriquecendo-os com sangue novo e com ideias renovadoras. Portanto, as origens coloniais e a sobrevivência de estruturas e instituições do modo colonial e escravista de produção circunscreveram as formas e os conteúdos da imaginação política inventiva dos de cima – nativos ou imigrantes – quando não a sufocou por completo. O conservantismo abateu-se sobre o país, esvaziando a fórmula enganadora dos fazendeiros paulistas: "o homem livre na pátria livre". Ao revés do que ocorreu na transição europeia, aqui nem o burguês nem o trabalhador lançam raízes em oportunidades herdadas do passado. A escravidão bloqueou o desenvolvimento do trabalho livre. Excluindo-se algumas profissões ou ocupações, o aparecimento em massa dos trabalhadores não é concomitante com a objetivação da categoria histórica *"trabalho livre"*. Os primeiros trabalhadores, nativos e estrangeiros, foram identificados com os escravos, vistos como seus substitutos e tratados como eles. Não obstante, os trabalhadores europeus transferiram técnicas, valores e instituições sociais que conduziram à formação e à vigência daquela categoria histórica. Anarquistas, sindicalistas e socialistas trouxeram os germens dessa evolução, relativamente lenta e oscilante (e naturalmente localizada). Os conflitos nas fazendas, as caixas de ajuda mútua, os sindicatos de ofício (e na década de 1920 o Partido Comunista), as greves de fábrica ou gerais (como em 1917) fermentaram essa transplantação cultural. O movimento abolicionista, por sua natureza, não precipitou e tampouco reforçou o processo, antecipando-o. Mas esse é um feito notável: os trabalhadores forjam por si próprios, em condições precárias, essa noção vital para sua identidade social e para o seu orgulho coletivo. Não a recebem de intelectuais aliados nem da ilustração burguesa. E ela iria revelar sua importância depois de 1930 e principalmente da década de 1950 em diante. Os elos que faltaram foram supridos graças à difusão cultural, promovida pelos próprios trabalhadores, e por suas lutas econômicas defensivas e ofensivas. Foi um salto histórico, que se deu porque não poderia haver nenhuma continuidade entre o escravismo e o trabalho assalariado, com o mundo das fábricas e da liberação proletária.

5) A república teve para o trabalhador a mesma significação que a monarquia teve para o escravo. Ela organizava o poder dos e para os de cima, oligarquias agrárias com ramificações urbanas, fortemente soldadas ao "mundo de negócios" das cidades. A nação que elegia e representava o "povo" era composta por "cidadãos esclarecidos", que se viam ao mesmo tempo como formadores e paladinos da "opinião pública". A democracia restrita permaneceu, ampliada em sua base e no tope, pois a urbanização progredira e a industrialização consubstanciara-se como um processo social. Tais diferenças impunham alterações na cena política: é que a sociedade escravocrata se esboroara e os estamentos intermediários se mostravam impacientes com as "traições da república". Um caldo de rebelião adensava-se no alto da sociedade e buscava apoio fora de seus círculos sociais, atrevendo-se, mesmo em grupos mais radicais, a articular-se com os operários e os

sindicatos. Essa situação histórica perturbadora da "paz social" interferia muito pouco na rotina e nas predisposições predatórias das oligarquias, aos níveis locais, estaduais e nacional. A crise irrompe entre os de cima, abrangendo os estratos intermediários rebeldes. A Revolução Liberal, em 1930, poderia ter sido uma oportunidade de ouro para a formação de um partido burguês radical. No entanto, isso estava fora de questão, pois não existia uma burguesia radical... Logo os inconfidentes vitoriosos se esquecerão das suas promessas democráticas e do seu movimento emergirá uma ditadura, o Estado Novo. O pequeno interregno foi politicamente importante para o Brasil. O conservantismo sofrera os primeiros abalos sérios. Os trabalhadores logo serão identificados pela minoria burguesa reacionária como um perigo em si. O Estado Novo aproveita inteligentemente o pânico burguês. Constrói o edifício da "paz burguesa" por meio de um ministério do trabalho, de líderes sindicais pelegos, de "políticos de esquerda" cooptados e de uma legislação restritiva sobre os direitos dos trabalhadores. Correlatamente, compensa o medo e completa a sedução das classes dominantes promovendo a reconciliação política entre as oligarquias tradicionais e as novas oligarquias industriais. O fim da Segunda Guerra Mundial selou a queda do Estado Novo e proporcionou ao país a elaboração de uma Constituição "liberal" e um respiro democrático de curta duração. A ele se segue o golpe de Estado de 1964, a ditadura militar, a Nova República e o Brasil novo. O que se salienta, nessa sucessão tida como "modernização conservadora", é que os trabalhadores e o movimento sindical sofrem alterações de composição, significado político e atuação prática. Os trabalhadores, que somente atingiam seus alvos como cauda da burguesia, participando ativa ou passivamente de lutas econômicas e políticas entre suas facções, antes da derrota da ditadura militar já se organizavam independentemente, nas fábricas, nos sindicatos, e, em seguida, fundando um partido de novo tipo. Sob uma república com democracia regulada repressivamente – com eleições rituais ou decididas pelo poder econômico, sob tutela militar, um presidente forte ("imperial") e uma burguesia intolerante – a debilidade das instituições-chave termina sempre sendo vantajosa para os que mandam. A inexistência do equilíbrio e do controle recíproco dos três poderes, a fraqueza do legislativo e do judiciário, a ficção do federalismo, as artimanhas dos partidos de patronagem (clientelistas e oportunistas) e a influência de uma opinião pública destituída de uma cultura cívica só favorecem as elites das classes dominantes. Elas manipulam os eleitores de todas as classes e dão corpo a acordos políticos segundo critérios particularistas, alarmistas e golpistas, expondo os de baixo à sua vontade e a extorsões sem conta. Nesse clima político, nenhuma verdadeira democracia é possível e o reformismo operário – sindicalista, socialista e comunista ou não – adquire o cunho de subversão da ordem. O que aconteceu no confronto de Lula contra Collor afronta paradigmas sacrossantos. E pôs em movimento a conspiração antidemocrática do núcleo reacionário dos de cima. Ao confundir democracia com revolução, seus campeões patrocinam a imobilidade da ordem e a contrarrevolução permanente.

III

1) Todo partido contém as limitações e as grandezas da sociedade em que emerge e das classes que representa. Ele reproduz e supera carências históricas e políticas, mas em algum ponto sofre as determinações estruturais, dinâmicas e históricas das contradições que provocam o seu nascimento e crescimento. Em um país de

desenvolvimento capitalista oscilante e desigual, o Partido dos Trabalhadores teria, como regra, de mergulhar a fundo em debilidades que provinham do movimento operário e sindical. Há uma relação dialética entre a força da burguesia e a força dos trabalhadores – e ambas dependem do grau do desenvolvimento capitalista circundante. Acresce que o PT veio à luz em um momento no qual o edifício da "paz burguesa", montado pelo Estado Novo, estilhaçava-se. A redefinição das relações de dependência com as nações capitalistas centrais e sua superpotência compeliu a burguesia a transferir enormes parcelas do poder político indireto e do poder especificamente político para uma ditadura militar, que exerceu o governo, aparentemente, "acima das classes", mas, de fato, atendendo às conveniências e exigências da burguesia interna e da comunidade internacional de negócios. Ambas punham em primeiro plano o silêncio dos sindicatos, sua capitulação e cooptação, e a paralisia do protesto operário, no campo e nas cidades. Em consequência, o PT procede das profundezas do modo de produção capitalista oligopolista, em seu primeiro pico de crescimento e sob a industrialização maciça que ele propiciou. Ele sucedeu às antigas lutas econômicas e políticas sindicais, e vinculou-se a um "novo sindicalismo", que tinha seus alicerces dentro das fábricas (e, em alguns casos, das plantações) e das comissões formadas para combater e derrotar a repressão. Ninguém podia fomentar a ilusão de que não havia ideologias contraditórias em conflito (mesmo no seio do movimento operário e sindical) e que o estilo emergente de luta de classes prendia-se a situações de interesses de classes antagônicas e inconciliáveis. Por trás do capitalista, do empresário e da empresa, era visível a ditadura militar e seu governo tirânico; por trás do governo fardado, descrito oficialmente como constitucional e "democrático", ficava explícito o peso e as manipulações políticas do grande capital associado. A greve de 1978 efetuou uma ruptura, que punha o grande capital, a contrarrevolução e seu governo ditatorial de um lado, os operários e o movimento sindical de outro. A "oposição consentida" esboroou-se e a sociedade civil viu-se diante dessa separação de águas: ou prevalecia o percurso da conciliação ou se afirmaria um caminho de embate frontal, que viabilizasse outras saídas autenticamente democráticas e, para a esquerda, irreversivelmente socialistas. Romper com a ditadura, correndo todos os riscos; romper com a burguesia reacionária e imperialista, atacando o despotismo do capital na empresa e na sociedade civil; romper com o sindicalismo pelego, agravando as tensões e os "rachas" entre operários e no movimento sindical. Clareou-se o cenário histórico: chegara a hora decisiva de fundar um partido que pudesse reunir os dissidentes, somando todas as forças e ideologias – vindas do passado recente ou nascidas do presente – que estivessem voltadas para a formação de um arco operário orgânico. Em aliança com dissidentes de outras classes (os trabalhadores da terra, os setores radicais da pequena burguesia e da classe média assalariada), impunha-se partir em busca de um límpido projeto histórico socialista para o Brasil, pluralista, íntegro e irredutível. Por fim, surgia um partido operário dotado de uma ótica revolucionária nas lutas de classes. Parafraseando K. Marx e F. Engels, um partido que, em 1979, se impunha como fim: "constituição dos proletários em classe, derrubada da supremacia burguesa, conquista do poder político pelo proletariado". E que se propunha a educar para o socialismo radical os operários, os trabalhadores da terra, os trabalhadores intelectuais pertencentes aos estratos assalariados da pequena burguesia e das classes médias, unindo-os solidária e revolucionariamente na construção da "sociedade nova".

2) Os ideais anarquistas, socialistas e comunistas se difundiram no seio das massas populares e trabalhadoras desde a intensificação da imigração nos fins do século XIX e no início deste século. O anarquismo e o socialismo logo marcaram presença. O comunismo se espraiou na década de 1920. O legado mais avançado recebido pelo PT prende-se a essas origens, embora certas peripécias da Revolução Russa (e de outras revoluções posteriores) e a evolução da social-democracia na Europa tenham ampliado a herança. O desenvolvimento interno do socialismo, do comunismo e da guerrilha amadureceram sobremaneira a esquerda brasileira, de 1945 em diante e, em particular, depois do governo Goulart e da ditadura militar. Os diagnósticos sobre a revolução se sistematizaram e se aprofundaram nesse contexto. As análises do capitalismo associado e dependente, do imperialismo na periferia e das impossibilidades do desenvolvimento capitalista diante dos problemas do terceiro mundo e das "nações pobres" comoveram todas as consciências críticas e abalaram o movimento sindical, os estudantes, os intelectuais

radicais e até círculos teológicos libertários da Igreja Católica. As discussões, acaloradas desde os anos 1950, só alcançaram um clímax político no fim da década de 1960 e graças à irrupção da guerrilha. Portanto, o debate se estendia do confronto público de posições e ideias e se prolongava graças aos textos doutrinários, que davam fundamento teórico ao recurso à subversão armada. Contudo, o despotismo burguês nas famílias, nas fábricas, nas escolas, nos meios de comunicação cultural de massa etc., a repressão policial-militar e judiciária e a opressão política fecharam todas as vias que visassem a ir além da oposição consentida. Irrompendo na primeira crise substancial do governo ditatorial, o PT, por sua intransigência, recoloca o socialismo – reformista e revolucionário – como alternativa histórica. Foge do MDB e de composições trabalhistas ditas social-democratas ou "populistas" e planta no solo histórico as sementes de uma evolução difícil de negação e superação da ordem. O temor, as tendências arraigadas de "conciliação de classes", o dogmatismo ou o capitulacionismo incentivaram aliados certos e obrigatórios a se retraírem. Temia-se um partido de frente à esquerda. Uma irrisão... Para cumprir a sua tarefa essencial, mencionada no tópico anterior, a frente tornara-se indispensável. Isso dificultou o crescimento horizontal do PT, mas não prejudicou seu objetivo central: o socialismo renascia com ímpeto entre os operários e seus aliados orgânicos. Hoje, a questão recoloca-se com a chamada "morte do marxismo", a "crise no Leste europeu" e, por ampliação, em outros países que tentam a transição para o socialismo. Crispações desse tipo são normais na história contemporânea e pressupõem flutuações breves, médias ou longas – que também atingem o capitalismo. O essencial consiste em se perguntar: 1º) qual é a consistência teórica e a firmeza da identidade operária da prática reformista ou revolucionária dissociada do marxismo? 2º) o imperialismo – entendido na sua versão mais avançada, sob o capitalismo oligopolista – oferece perspectivas de conduzir a descolonização até o fim, de inspirar uma revolução nacional que assegure a soberania do Brasil como povo, Estado e nação? 3º) O que ganha a periferia eliminando a alternativa socialista, além de satisfazer as nações capitalistas centrais, sua superpotência (por enquanto...) e a minoria privilegiada que se contenta em ser uma burguesia dependente e associada no plano internacional? 4º) Estamos condenados à pilhagem interna e externa e a reproduzir um padrão de civilização que confunde progresso com barbárie?

3) Fortalece-se, graças aos recursos de inculcamento à disposição da hegemonia cultural burguesa, a pseudocerteza de que o socialismo revolucionário (ao contrário da social-democracia, domesticada pelo "capitalismo pós-industrial") é incompatível com a democracia. Ora, poder-se-ia afirmar a mesma coisa acompanhando-se a evolução histórica da burguesia (por exemplo, na França: da fermentação revolucionária de 1789, francamente "autoritária", à conquista das prerrogativas de classe dominante em 1848, e, depois, às ações reacionárias e de traição nacional no sufocamento da Comuna de Paris em 1871). Isso não obstruiu a democratização da sociedade civil e do Estado, que dependia de iniciativas e pressões de outras classes, e o advento da oscilação imperante entre esquerda e direita (nem o atual governo de "coabitação"). Agora, o que uma burguesia ultraconservadora e antidemocrática, como bloco no poder, pode vaticinar sobre um assunto desses? Essa nossa burguesia odeia a democracia, mesmo dentro de parâmetros capitalistas, porque teme que ela acabará acarretando, fatalmente, a "anarquia da ordem" e o "comunismo"! Até a

Constituição de 1988, por suas concessões ambíguas e por certos avanços alcançados a duras penas, é indigitada como indesejável e prejudicial ao país (não aos interesses do bloco no poder). Ora, o socialismo não pode ser avaliado por tais juízes e sob os crivos obsoletos que eles aplicam! Pois os clássicos do socialismo sempre foram defensores acérrimos da democracia, sob a forma de democracia da maioria e não da democracia restrita ou da democracia eleitoral-representativa ritual. Sabiam, no entanto, que as premissas da existência da democracia, essenciais para a revolução socialista, teriam de ser polidas e ampliadas pela experiência histórica concreta. A recusa da democracia burguesa obrigava a se conceber a reforma e a revolução em interação dialética e a se pensar a democracia como meio, fim e valor sociais. Um país em situação colonial, como se achava a Índia nos meados do século XIX, teria de sofrer várias transformações históricas para comportar a existência do capital industrial e dos trabalhadores como classe, o que implicava desenvolvimento capitalista em conexão com reforma social. Na Europa capitalista periférica, o movimento operário propunha reivindicações que tinham em mira acelerar o desenvolvimento capitalista ou desatar o ponto de partida de revoluções socialistas. Por sua vez, a democracia transcende a sua fetichização pela burguesia. Ela tanto pode fornecer aos de baixo um meio para exigir uma nova situação de classe, quanto pode ser um fim agregado à tomada do poder pelos operários e à instauração da democracia da maioria. À luz desses dinamismos, ela se dissocia de qualificações contingentes e aparece objetivamente como valor social. Por isso, opor democracia e socialismo, postulando-a como algo que não tem lugar em uma democracia da maioria na transição para o socialismo (ou pode ser excluída depois de instaurada a liberdade com igualdade, se se der o advento do comunismo), pressupõe uma concepção mecanicista da história e uma distorção lógica deliberada do socialismo revolucionário. Diante da situação histórica brasileira, o PT precisa ocupar os diversos alargamentos do espaço democrático cedidos pela burguesia, sob a coação das reivindicações operárias ou por pânico histórico, e manejar a reforma social seja para alterar a ordem existente, seja para entrosar as transformações na formação de um patamar revolucionário. Se o PT se omitir, essa sociedade capitalista se tomará eterna, seu padrão de civilização com barbárie permanecerá invariável, e o "fim da história" soará como consequência do conformismo da consciência operária.

4) Os objetivos imediatos do PT estão enovelados na trama das iniquidades persistentes do desenvolvimento desigual e só podem ser alcançados sob duas condições: 1º) A supressão de tradições culturais arcaicas, que asseguram a hegemonia ideológica e política das classes dominantes mediante um jogo perpétuo de falsas aparências (por exemplo: negar o preconceito e a discriminação raciais e praticá-las subrepticiamente com desenvoltura; afirmar a igualdade de oportunidades educacionais como propósito supremo e sabotá-la sistematicamente; simular a personalidade democrática dos de cima e agir reiteradamente como personalidade autoritária); 2º) A participação de todos os segmentos das classes subalternas na sociedade civil, nas instituições sociais-chave e no poder especificamente político-estatal. Existem muitos arrolamentos minuciosos de reivindicações urgentes (educação, salários, condições de trabalho e de administração das empresas, combate à pobreza, saúde, habitação, saneamento básico, seguridade, segurança, reforma agrária, justiça etc.). Esse diagnóstico vem de longe e alcançara há tempo formulações claras através

do movimento sindical e da presença do Partido Comunista na Assembleia Constituinte de 1946. O PT o sistematizou de forma exaustiva em seu projeto de Constituição e em seu programa eleitoral de governo. Nisso, repetiu-se no país a tática dos socialistas e comunistas nas batalhas eleitorais europeias. Todavia, por importantes que sejam, as reivindicações concretas são pontuais e apenas servem como alvos salientes da luta de classes. No solo histórico brasileiro é preciso ir muito além. A absorção de um conjunto de reivindicações concretas não suprime as limitações da circularidade do desenvolvimento capitalista desigual: opera-se, sempre, na área dos efeitos. Da ótica petista, que se volta para a construção de uma sociedade socialista, impõe-se quebrar a "aceleração do desenvolvimento capitalista" como uma política exclusiva. Dissociada da democracia, ela conduz fatalmente à permanente elevação da concentração social da riqueza, da cultura e do poder nas mãos das classes possuidoras associadas (nativas) e hegemônicas (imperialistas). Em seguida, fala-se em "modelo concentrador de rendas". O nó da questão está em outro lugar: na continuidade de uma cultura de espoliação, de exclusão e de subalternização impiedosa dos de baixo, legitimada por uma dualidade ética que justifica tudo, como se as frações mais privilegiadas das classes dominantes tivessem o monopólio da condição humana. Por isso, combater na arena das reivindicações concretas adquire um significado pedagógico-estratégico decisivo. É essa arena que prepara os de baixo para aprender o que é autoemancipação coletiva e cidadania, numa sociedade de classes que esconde praxes coloniais atrás de uma muralha de "superstições democráticas". E os ensina a organizar disciplinadamente o inconformismo e o repúdio a manifestações circunscritas de iniquidades econômicas, sociais, raciais, regionais, ecológicas, culturais e políticas. Eles se armam, assim, para o envolvimento direto na luta de classes com seus meios ideológicos e políticos de contraviolência, desmoronando a ordem existente onde ela é mais vulnerável e indefensável, bem como construindo, a partir de outros alicerces, a fabricação de ordens sociais equitativas.

5) Os objetivos do PT são os mais importantes para os trabalhadores e seus aliados, porque erguem a questão da democracia e a relação recíproca entre reforma e revolução. A questão da democracia não constitui uma "ilusão parlamentar" nos países de origem colonial, nos quais os que mandam

interromperam as revoluções burguesas (a descolonização, a revolução nacional e a revolução democrática) e realizaram parcialmente as revoluções rural, urbana e industrial como parceiros menores das nações capitalistas hegemônicas. As tarefas históricas não cumpridas da burguesia, se não ficam entregues às nações centrais "modernizadoras", transferem-se para as classes subalternas – e, especialmente, para o movimento operário e para os setores radicais da pequena burguesia e das classes médias. A associação das burguesias nativas com o imperialismo possui um sentido autodefensivo. Elas procuram acelerar as transformações impostas pelo desenvolvimento capitalista desigual com apoio externo e, assim, suprimir riscos das pressões reformistas e revolucionárias que brotam da própria ordem social vigente. Os parceiros externos, por sua vez, não se interessam por essa lógica política e pelos dramas que a provocam. Eles querem continuidade e aumento do espólio realizável, e segurança para suas inversões e operações, por danosas que sejam. Por conseguinte, preferem "governos fortes", tirânicos ou "autoritários", se possível com uma fachada democrática. Daí a dificuldade de correlacionar o desenvolvimento capitalista desigual com uma sociedade civil aberta e com um Estado democrático capitalista. O máximo de democracia consentida resume-se na democracia restrita, da qual são exemplos típicos a África do Sul e, com referência à América Latina, o Brasil. A superposição da estratificação de classes e da estratificação de raças forja um ambiente no qual a "reforma estrutural", como "revolução dentro da ordem", torna-se extremamente difícil ou impraticável. Nessas condições, o PT herda um fardo complicado. Ele precisa despertar a consciência social para a reforma que abra um espaço democrático nas relações de classes e de raças e, ao mesmo tempo, não se confundir com um partido da ordem, no máximo social-democrata pela retórica. Ou seja, deve ter a coragem e os méritos de descobrir métodos que exijam "soluções burguesas" provisórias, mas que abram caminho para atingir uma democracia da maioria (socialista) e igualdade com liberdade (autogestão coletiva numa sociedade sem classes e sem Estado). Desempenhar esses papéis históricos sem despertar medo em aliados potenciais e sem perder credibilidade eleitoral representa uma façanha. Porque obriga o partido a cuidar da formação de uma consciência social de classe e de raça que permita passar da luta política convencional para embates que envolvem a construção de uma sociedade civil democrática e de um Estado capitalista democrático, mas que não pare aí. Pois o que vem a ser essencial nesse objetivo consiste em prolongar a luta política na direção da conquista do poder pelos que almejam chegar ao fim do processo e ao começo de uma nova civilização. Os debates atuais assinalam o quanto isso parece ser uma "missão impossível". Povos com um ponto de partida histórico melhor que o do Brasil falharam nesse propósito (ou parecem ter falhado). Contudo, levamos uma vantagem: podemos aprender com seus erros e evitar repeti-los. Cabe a nós, no PT, demonstrar que o socialismo não é só um sonho e que ele está ao nosso alcance.

PT: OS DILEMAS
DA ORGANIZAÇÃO

Três atributos são essenciais ao PT: é um partido de trabalhadores e, por consequência, seu elemento estrutural e dinâmico básico procede dos que vendem a força de trabalho como mercadoria; é um partido de massas e, por consequência, não prende os trabalhadores num gueto, mas os compreende em sua interação com toda a sociedade, em particular com todos aqueles que são seus aliados orgânicos, conjunturais ou permanentes, na construção de uma sociedade nova; é um partido democrático, que defende a concepção socialista de democracia e, por consequência, luta contra todas as formas de manifestação da desigualdade social, como as iniquidades econômicas e as discriminações de classe, raciais, de sexo, de idade ou de religião, determinantes ou consequentes, e se empenha em fundar a sociedade nova sobre a liberdade com igualdade e o pleno respeito à vida e à pessoa. Tendo-se em vista esses três atributos, igualmente centrais, são complexos os dilemas que resultam da organização de tal partido, principalmente porque as peculiaridades históricas do país bloqueiam a emergência e o desenvolvimento de uma sociedade nova desse tipo.

Transformação e dissolução da ordem
Um partido não se organiza só para "funcionar bem", "dar o máximo rendimento eleitoral e político" e "alcançar o poder". Ele não existe *em si e para si*. Precisa absorver interesses e valores extrínsecos, de classes, facções de classes, ideologias e utopias, que instrumentalizam – através das mentalidades – as concepções do mundo em entrechoque e as correntes históricas. A hegemonia cultural da burguesia tende a se universalizar. Isso torna mais difícil esclarecer muitas questões. O horizonte intelectual burguês penetra – através da educação, da aculturação e do inculcamento, das influências da televisão, da imprensa, do rádio ou das instituições-chave da ordem – todas as sociedades capitalistas do centro e da periferia. O universo mental burguês se consolida, enquanto outros universos mentais – como o dos operários e seus aliados orgânicos – se enfraquecem. Por isso, decreta-se o "fim" da história, das ideologias

e, naturalmente, também o das utopias, como se a civilização capitalista estivesse no clímax de sua evolução e suprimisse tanto outras civilizações contemporâneas, quanto as alternativas de mudança progressiva e revolucionária postas pela própria civilização capitalista. Num momento histórico no qual tais alternativas parecem impraticáveis – por causa da "crise do socialismo", tomada como irreversível e definitiva – semelhantes equívocos, difundidos com intenções destrutivas, originam enorme confusão ideológica e utópica na periferia. Esta se torna indefesa e frágil diante das novas ondas de modernização, aceitas de modo passivo, como se as soluções finais chegassem das nações centrais e da incorporação ao seu sistema mundial de poder.

Diante de uma evolução cultural acumulativa, que nasce na era colonial e termina nos dias que correm, o PT, assim como os demais partidos de esquerda, precisa romper os laços crônicos com o passado e esclarecer o presente e o futuro, lançando uma claridade que não deixe névoas. Deve desvendar a irracionalidade das ações da burguesia nativa, que preserva nexos coloniais para reproduzir formas de dominação de classe e de exploração econômica ultra-arcaicas, ao mesmo tempo em que se atira à aventura suicida de assimilar padrões "neocapitalistas" de privatização que são requisitos do capital oligopolista nas nações centrais. Essas atitudes não são apenas irracionais – constituem um risco para a nação. A burguesia nativa se faz de cega a todos os problemas não resolvidos do desenvolvimento capitalista interno e mascara o trunfo que o desenvolvimento capitalista desigual representa para aquelas nações e suas empresas gigantes instaladas no Brasil. Submete-se a uma incorporação marginalizadora e que apenas pode alimentar fluxos de modernização instrumentais para a operação industrial, financeira, comercial, agrária, administrativa, tecnológica, educacional, intelectual etc., dessas grandes corporações em nossa economia. A exigência fundamental dessa modalidade de incorporação é transparente: dissociar o capital monopolista da democracia e fortalecer ao máximo o comensalismo espoliativo, pelo qual a "burguesia nativa" se reduz a um parceiro de terceira categoria, subalterno e preso às cadeias do "capitalismo associado".

O PT confronta-se com a contingência de possuir uma organização suficientemente plástica e diferenciada para fazer face a dois tipos de tarefas: as que a burguesia deixou de lado ou desempenhou de maneira parcial; e as tarefas políticas específicas de transformação e revolução da ordem, que cabem aos trabalhadores e a seus aliados orgânicos. Há, além disso, as exigências institucionais de existência, renovação e crescimento do partido, que se impõem paralelamente e possuem caráter primordial, pois se houver falhas nessa esfera, tudo desaba como um castelo de areia.

Deve-se começar por aqui. O PT preparou-se para atuar no plano legal e não se resguardou, até hoje, dos riscos que corre num país no qual a democracia não vai além de um biombo que oculta o monopólio do poder das classes dominantes. A competição interpartidária não emerge como um fator de reforço da representação e da soberania popular. Ao contrário, ela aparece como um índice do poder relativo e do "perigo" inerentes aos adversários dos partidos da ordem. Estes é que tomam as iniciativas de conciliação entre os de cima e de conspiração contra as concessões inevitáveis da democratização da sociedade civil e, especialmente, do Estado. O medo das "explosões sociais" engendra o "recrudescimento", frequentemente amparado pela opressão policial-militar, jurídica e política. Nessas condições, todo partido renovador ou revolucionário precisaria contar com duas frentes interdependentes, uma de ação legal, outra de atividade clandestina. O PT empenhou sua confiança na luta de classes pacífica e se organizou, horizontal e verticalmente, como se a ordem fornecesse a todos os partidos as garantias constitucionais de autopreservação e de continuidade. Como os partidos do centro, apostou em sua capacidade de fortalecer e aperfeiçoar seus compromissos solenes de consolidação da democracia emergente.

O teste do acerto será dado pela experiência histórica. Um partido operário e socialista já é, por si mesmo, um fator de pânico para os de cima. Por isso, o PT caminhou o quanto pôde no sentido de afirmar a sua autonomia interna em critérios democráticos de relação entre bases e cúpulas. Acabou sendo, provavelmente, o partido mais democrático nas discussões e escolhas a partir das "bases". Multiplicadas e variadas, elas erigem-se, de fato, em agente coletivo dinâmico – bem conhecido externamente – da "democracia petista" (o que não exclui estigmatizações malévolas como "dogmatismo infantil", "intransigência extremista", "pendor ao isolamento" etc., nos meios de divulgação de massa e em outros partidos). A contrapartida dessa sólida implantação democrática equaciona-se numa recíproca não equivalente: os órgãos dirigentes e a administração correspondem dissimetricamente a esse padrão de democracia extensiva e intensiva das bases. Há, naturalmente, uma diretriz democrática nas relações entre os dois extremos e órgãos intermediários. O que não exclui tendências crescentes à burocratização e ao mandonismo de oligarquias incipientes nos dois níveis, vertical e horizontal. Essa propensão parece ser constante em todos os partidos e afetou (e ainda afeta) fortemente a social-democracia europeia, os partidos socialistas reformistas e os partidos comunistas.

Um balanço rigoroso mostra que a propensão pode se tornar um processo permanente e dissimulado. Mas tem sido contida exatamente pelo que parecia ser a "moléstia infantil do PT": a coexistência de "tendências organizadas". Estas servem como um componente de compensação e aliviam a burocratização (pelas críticas e fricções constantes) e a formação de oligarquias (pela oposição frontal). A coesão institucional, ideológico-utópica e política do PT será, pois, forçada a respeitar certos contrapesos, que acentuarão o caráter aberto dos órgãos de direção – centrais e intermediários – e restringirão o monopólio do micropoder partidário a proporções mínimas. Se isso não suceder, o PT perderá não apenas o seu encanto e poesia. Ele deixará de ser o fulcro do aprofundamento da revolução democrática e a alternativa para a superação do passado e do presente. Repetirá malogros que arruinaram a difusão do socialismo e expuseram os assalariados às armadilhas do aburguesamento e da submissão à ordem social imperante. Por essas razões, é vital que se atribua maior atenção a dilemas dessa natureza. Não lutamos por vitórias de alcance restrito no aqui e agora, mas por um padrão de socialismo e de civilização que definirá o futuro da humanidade (em particular do Brasil e da América Latina). O partido não realizará suas tarefas se sucumbir a semelhantes desvios. Cumpre fixar com firmeza as linhas de resistência a uma deterioração previsível.

No que diz respeito às tarefas políticas cruciais do PT, cuja realização está em estreita vinculação com sua organização, o melhor consiste em distinguir, didaticamente, dois tipos de funções. O primeiro abrange tarefas derivadas dos papéis de classe da burguesia, diante dos quais ela se omite: 1º) intrínsecas à própria dinâmica do capital; 2º) dependentes dos efeitos das relações e das lutas de classes. O segundo contém as tarefas dos trabalhadores e de seus aliados orgânicos: 1°) abrir, de modo pacífico ou violento, um espaço democrático para todos os que vendem a força de trabalho como mercadoria ou apoiam suas reivindicações; 2°) pôr em prática exigências de reforma social, que têm como sequência a decomposição da ordem social vigente e a formação de uma sociedade socialista. Esse conjunto de tarefas, com as funções correspondentes, faz com que o PT assuma, ativamente, os papéis das classes trabalhadoras e do bloco histórico do qual elas fazem parte. O partido não se metamorfoseia em substituto de ambos como agentes históricos. Absorve, porém, suas tarefas e as impulsiona na cena política, como técnica social dos de baixo. O observador muitas vezes pensa que a intervenção do partido é simples, direta e linear. Ora, ela se estende a uma totalidade mais ampla, que não termina na representação e na ocupação ou conquista do poder. Ela se inicia no terreno pedagógico: o desenraizamento dos assalariados do mundo burguês, isto é, tem por objetivo o seu desemburguesamento. Amplia-se na preparação para atividades políticas das quais os trabalhadores e seus aliados são normalmente excluídos ou marginalizados. Essa é uma tarefa pedagógica, diretamente vinculada a uma aprendizagem que começa nas empresas, amadurece nos sindicatos e nas greves, alcança sua plenitude no partido operário e na disputa do poder. Trata-se não só de adquirir uma consciência social operária e socialista, mas de eliminar a alienação social das estruturas mentais e da imaginação política dos assalariados, moldadas pelo capital. Por fim, é preciso inseri-los na luta política, salientando suas duas faces: a corporativa e "economicista", e aquela que, a médio e longo prazos, enfatiza a perspectiva do poder e do que fazer com o Estado. É atribuição do partido produzir e difundir entre os militantes da causa operária uma visão teórica e prática desse processo multiforme, fator sem o qual a luta pelo poder se dissolve nas fricções e entrechoques do dia a dia. Mais que os capitalistas, os assalariados necessitam de "uma compreensão nítida das condições, da marcha e dos fins gerais do movimento proletário", como escreveram K. Marx e F. Engels em O *Manifesto Comunista*.

Acresce que o Brasil mantém irresolvidos conflitos e antagonismos herdados do passado remoto e recente. O racismo, por exemplo, subsiste de forma camuflada. E as contradições raciais não se reduzem às contradições de classes, embora elas estejam entrelaçadas, porque a passagem do trabalho escravo para o trabalho livre não foi nem espontânea nem rápida. O negro possui uma frente de luta própria, na qual, mesmo quando não sobe à tona como assalariado, propõe interrogações candentes e revolucionárias. O mesmo ocorre com o jovem: estudante ou trabalhador, confronta-se com incompreensões profundas e com exigências arcaicas ou amargas. Ele se identifica com bandeiras que ressoam como rebeldes – desembocam na transformação e na revolução da ordem de uma sociedade retrógrada, até naquilo em que ela parece moderna e avançada. O painel abre-se em leque, para pôr lado a lado vários tipos de movimentos (do movimento sindical aos movimentos educacionais, das mulheres, da ecologia, dos indígenas, dos meninos de rua, dos portadores de deficiências, dos aposentados, da moradia, dos transportes, dos favelados, das prostitutas, da emancipação sexual etc.). Dentro do PT esses movimentos são entendidos como "setoriais" e localizados, como temas nascidos de uma focalização radical da condição humana. Nada mais falso! Eles provêm de longe e retratam o perfil socialista de uma sociedade democrática a ser criada, que busque libertar o ser humano de velhos grilhões, nasçam eles do antagonismo entre capital e trabalho ou de outras tensões e contradições. O que resta enfatizar: o PT assume, diante desses desdobramentos da negação do ser, as mesmas atribuições arroladas no parágrafo anterior. Isso dificulta a sua ação. Mas lhe infunde um fundamento igualitário e libertário geral, válido para toda a nação.

Retome-se a discussão das tarefas políticas cruciais do PT. Pode parecer estranho que lhe digam respeito *tarefas burguesas, intrínsecas ao capital*. O melhor documento, para ilustrar esse tópico, é o programa de governo de Luís Inácio Lula da Silva (poder-se-ia completar: com os desdobramentos feitos com o propósito de passar do programa de governo para os documentos de execução de políticas). Uma burguesia que ficou atrelada à mentalidade especulativa, específica do capital comercial e com privilégios pré-capitalistas e ambições de acumulação de capital subcapitalistas, vive dentro de um círculo vicioso. A via mais fácil de "enriquecimento" apresenta um teor prosaico: extensão da jornada de trabalho; elevação desumana da taxa de exploração da mais-valia relativa; transferência de riqueza por meio do governo, através da inflação, de subsídios, de empréstimos a fundo perdido etc. O Estado só exerce uma função legítima: servir à "iniciativa privada" e intensificar a acumulação de capital. O resto cai no âmbito da devastação, trate-se da educação, de hospitais, da protelação até de benfeitorias da infraestrutura econômica. Ao trabalhador, ao artesão, ao micro e pequeno empresário, ao morador sem terra etc., interessa extirpar ou reduzir tal deformação predatória do "espírito capitalista" e bloquear todas as manifestações sociopáticas da "livre-iniciativa". O embate transcorre fora do campo exclusivamente proletário e socialista. Visa engendrar, no entanto, recursos para que o governo confira maior atenção às funções de legitimação (criar escolas, hospitais, estradas, moradias baratas, distribuir terras entre lavradores pobres etc.). Além disso, recorre-se a estimular vários setores da burguesia no sentido de assumir as responsabilidades e os riscos – além das vantagens – de sua posição de classe como capitalistas. Em suma, cortar cordões umbilicais entre a empresa, a "socialização dos riscos" e o governo "cartorial", que não podem durar para sempre. A burguesia se vê compelida a diminuir sua resistência a mudanças sociais radicais e à reforma urbana, à reforma agrária, à alteração gradativa da brutalidade da industrialização etc. As alterações são arrancadas aos pedaços, como se os de baixo também fossem associados e solidários ao desenvolvimento capitalista desigual.

A outra categoria de tarefas – as vinculadas aos efeitos da luta de classes numa sociedade capitalista – provoca menos espanto. Ela é até bem acolhida pelos líderes operários que comparam a periferia à Europa e aos Estados Unidos. As classes burguesas poderiam permanecer inertes diante do dever de incentivar inovações extraeconômicas e de maior interesse para os de baixo. De fato, tentaram se omitir, interrompendo as reformas e revoluções capitalistas prematuramente. Mas sofreram pressões crescentes de vários setores da sociedade e principalmente dos sindicatos e do movimento social operário. Aos poucos cederam aqui e ali, jogando a carga sobre os ombros do governo ou assumindo certos encargos menores, que permitiam a elevação constante, embora lenta, do padrão de vida dos trabalhadores e das potencialidades de participação social das classes intermediárias. No Brasil, essas pressões só se desencadearam com vitalidade da década de 1920 em diante. E, graças aos sindicatos e ao movimento social operário, apenas lograram vitalidade perturbadora para os de cima nos fins da década de 1950. Tais tarefas são estratégicas para os de baixo. A burguesia, com sua sociedade civil e com seu Estado, descobre-se empurrada contra a parede. Precisa sair de sua pele e da órbita de seus interesses restritos para colaborar na modernização necessária para que a "ordem legal" não voe pelos ares.

Admite, assim, direitos sociais e garantias fundamentais que conferem espaço político próprio aos trabalhadores – na empresa, na sociedade civil e até no Estado. Os efeitos derivados sobressaem gradualmente, na descolonização interna e no anti-imperialismo, na revolução nacional e na revolução democrática. A resistência a essas mudanças adquire um caráter sociopático e fomenta o recurso à tutela militar. Contudo, a reforma capitalista emerge com maior força, mais ou menos desligada da modernização de conteúdo imperialista. Oscila e reflui, graças à esperteza tradicional da conciliação a partir de cima, retoricamente incentivadora de grandes projetos de reformas. Revela-se, porém, profundamente castradora. O mundo burguês se racha e os de baixo se projetam no núcleo das forças sociais que desejam e tomam para si o patrocínio real das "reformas estruturais" aceitas. Tiram, pois, da geladeira a esterilização política da mudança social.

O segundo grupo de tarefas políticas do PT – específicas dos trabalhadores e seus aliados e propriamente socialistas – assume uma feição especial, porque o desenvolvimento capitalista desigual, associado e dependente, suprime da sociedade civil e do Estado várias premissas que, em outras situações, transmitem às classes trabalhadoras e a seus aliados orgânicos e ocasionais um poder real que se manifesta com maior rapidez e eficácia. As migrações internas, por exemplo, em termos de média duração, são produtivas para os de baixo. Elas interferem, porém, nos ritmos e na continuidade das lutas políticas dos de baixo por novas condições de vida e por "reformas estruturais". O migrante precisa se transformar em urbanista (morador da cidade dotado de horizonte cultural secular) e em proletário (trabalhador com consciência social de classe e disposição para romper com a capitulação passiva). Em grandes cidades e metrópoles industriais, de alta densidade urbana, esses dois processos avançam em vais e vens. E ambos liberam efeitos derivados: esse migrante, ao deslocar-se pelo Brasil ou ao renovar os contatos com a região de origem, difunde atitudes de inquietação e de rebelião social que reforçam as disposições antielite dos movimentos emergentes do setor agrário. Os sociólogos, os antropólogos e os geógrafos observam, no entanto, a constante quebra de vitalidade e as flutuações do protesto sindical, do movimento operário e dos sem-terra. Estabelece-se um processo oscilante, vantajoso para o capital, que enfraquece as reivindicações dos trabalhadores e redefine frequentemente sua condensação no tempo histórico e no espaço social. Esse é, contudo, o padrão irregular de formação e desenvolvimento da luta de classes sob o capitalismo da periferia. O regime de classes se submete ao caráter selvagem da sociedade civil não civilizada e ao Estado correspondente. Ganha experiência e firmeza, através de sístoles e diástoles, mas cresce sempre na mesma direção de enfrentamento com a exploração, a repressão e a opressão institucionalizadas, com muita combatividade e parcas compensações. Nesse contexto, a classe deixa de desempenhar diversas funções que lhe são imanentes. Instituições sociais, como o sindicato e o partido operário, e técnicas sociais como as sabotagens da produção, as ocupações das fábricas, as greves, os quebra-quebras, as mobilizações políticas, permitem corrigir tais lacunas temporariamente e facilitam a acumulação de forças em circunstâncias mais ou menos favoráveis. O PT surgiu numa situação-limite e, desde o início, incorporou-se nesse processo de luta econômica, social e política dos trabalhadores e de seus aliados. O segredo de seu êxito está no fato de ter correspondido à necessidade crucial de contrabalançar as deficiências relativas das classes subalternizadas e de promover a centralização do poder real dessas classes na sociedade civil e na sociedade política. Nascido das insuficiências e limitações do sindicato, logo encampou uma multiplicidade de lutas políticas – dos operários, camponeses, negros, mulheres, jovens etc. – que rompiam com o passado, negavam a ordem social existente e se abriam para a construção de uma sociedade nova.

Dessa perspectiva histórica macrossociológica, entende-se por que o PT devia assumir tarefas políticas das classes subalternizadas numa escala tão ampla – e ao mesmo tempo tão exigente e determinada. Como outros partidos da esquerda, mas com maior ardor e intensidade, empenhou-se em usar o poder real dos trabalhadores, e de seus aliados orgânicos e ocasionais, na elaboração de um espaço social exclusivo dos de baixo na sociedade civil e no Estado. Operava dentro da ordem, por conta dos interesses, dos valores e das esperanças – sempre ignorados – dos que vendem sua força de trabalho e seus dependentes. Entenda-se bem: neste plano, não empurrava a burguesia para a frente nem impulsionava seus processos históricos, que ela negligenciara (e neglicencia) por debilidade própria. Empurrava para os seus papéis sociais as classes trabalhadoras do campo e da cidade e os estratos radicais, que engoliam mais ou menos conformadamente sua saliva envenenada e seus ódios mortais. O que está em jogo, portanto, é a revolução dentro da ordem em *stricto sensu*.

Uma sociedade civil burguesa abarca duas classes polares e classes intermediárias. Nenhuma barbárie justifica a exclusão ou a negação de peso e voz, nessa sociedade civil, à classe social "inferior" e às facções de classe ou categorias sociais estigmatizadas racial, social ou culturalmente. O PT transpôs a divisão que vai da transformação capitalista da ordem para a revolução dentro da ordem. Não cobrou somente a participação social dos que deviam naturalmente pertencer à sociedade civil e exercer certos controles sobre o Estado *por direitos naturais e comuns,* consagrados pelas constituições. Foi além, e exigiu que essas massas populares compartilhassem de seus direitos sociais e pudessem viver em plenitude sua condição humana. Um partido socialista não pode nem deve esperar a transição para o socialismo para formular exigências que são vitais para a dignidade humana e a fruição de um padrão decente de vida. O programa do PT, o projeto de Constituição que o partido levou à Assembleia Nacional Constituinte e, particularmente, os programas de governo de Luís Inácio Lula da Silva formulam proposições que exemplificam como o PT orienta sua propaganda e lutas políticas com vistas a civilizar a sociedade civil e o Estado, e a forjar a consolidação da democracia. A prioridade conferida às necessidades das classes subalternizadas redunda numa orientação nova nas ligações entre o dever do Estado e a expansão dos serviços sociais (como a educação, a saúde, os direitos sociais dos trabalhadores, a moradia, a seguridade social etc.). Ao proceder desse modo, o PT concorre para apressar a transformação das classes trabalhadoras em *classes em si* e para exercitar uma consciência social de classe que se volte para o socialismo como alternativa para os de baixo.

O último conjunto de tarefas políticas – do qual o PT deve se incumbir enquanto instrumento de luta das classes trabalhadoras e seus aliados orgânicos – desemboca na revolução contra a ordem. O partido adiantou-se muito pouco na direção desse alvo. Empenhou-se mais nos outros conjuntos de tarefas acima considerados. Mesmo a ênfase no reforço da consciência social de classe elidiu a necessidade urgente de conferir a essa consciência um sólido conteúdo socialista. A educação para o socialismo continua a ser uma esfera pobre e secundária. O que não impede que o partido esteja contribuindo maciçamente para engendrar as premissas históricas de uma viragem – nos sindicatos e no interior do movimento operário – para superar a mera retórica socialista e a denúncia como equivalente histórico da luta política socialista. Está emergindo, pois, um discurso socialista consistente, que enaltece a fala dos dirigentes e a imaginação dos quadros e militantes. Por conseguinte, a "nova sociedade" perde os contornos vagos que possui hoje e dentro em breve responderá aos requisitos da democracia da maioria e da liberdade com igualdade. Só num ponto o partido transpôs a linha divisória: ao propor reformas sociais que possuem desdobramentos inevitáveis de significado socialista. A diminuição da jornada de trabalho ou a posse da terra, por exemplo, encerram um sentido radical. A resistência sociopática da burguesia industrial-financeira e da burguesia rural imprimem a essas reivindicações natureza suprarradical. O apego ao chamado arrocho salarial e a recomposição do latifúndio fazem com que essas reivindicações incidam num campo minado. As reformas perdem, na forma e no conteúdo, seus vínculos originários com as metamorfoses do capital e refletem um dinamismo ultrarradical objetivo, que pode, pela violência dos de cima, eclodir como rebelião contra a ordem, isto é, revolucionária. Existem outros exemplos do mesmo teor. O partido colocou-se no que se poderia designar como compasso de espera, apesar do clamor dos oprimidos e das exigências da sua extrema esquerda. Nota-se claramente, entretanto, que ele se depara com um dilema político: ou se conforma com as estreitas possibilidades liberais e social-democráticas da transformação da ordem e da revolução dentro da ordem, ou avança, pela aceleração da história, da ocupação do poder para a conquista do poder, desvendando a verdadeira face de um partido revolucionário. Só a derradeira opção coincide com a sua imagem e com a grandeza de sua promessa política.

A luta pelo socialismo

O socialismo recebeu críticas desencontradas, de várias procedências, inclusive de uma esquerda que acredita ter descoberto, nas práticas democráticas das sociedades capitalistas, a solução de todos os problemas. Não compartilho dessas ilusões nem as respeito. O socialismo não é matéria de moda nem de conveniências. À crise da civilização ocidental moderna devemos responder com objetividade crítica. O que está "morto" não suscita temores e tampouco requer uma cruzada tão acintosa. A propalada crise do socialismo só possui um valor: ela nos obriga a examinar com acuidade nossa época histórica e a ir mais fundo no exame do próprio socialismo, não como "pensamento negativo" (o que ele continua a ser), mas como "pensamento positivo" (o que ele representa como fundamento axiológico de uma nova civilização). O capitalismo conheceu um progresso unilateral – das forças produtivas como fonte de exploração do homem pelo homem; da liberdade como base do egoísmo e da competição; da ciência e da tecnologia dissociadas da felicidade humana, da revolução moral e do combate ao militarismo, ao armamentismo e à "guerra global"; da democracia fundada na tirania da propriedade privada e na plutocracia das elites no poder; do "Estado de direito" prisioneiro de eleições rituais e da promessa negada pela repressão e vice-versa. Ele foi superado pelas exigências de interesses, de valores e de esperanças que não põem o lucro e o consumismo em primeiro lugar, mas a felicidade e a solidariedade humanas, a liberdade com igualdade, a supressão da guerra e dos antagonismos sociais insolúveis.

Os países capitalistas da periferia encontram-se numa situação diferente da que prevalece na Europa, no Japão e nos Estados Unidos. Neles sequer é possível levantar a falsa polêmica do "fim" da história, das ideologias e da "morte do socialismo" (ou do comunismo). Hoje já se pode voltar a Marx e Engels e dar-lhes razão em suas proposições sobre as premissas necessárias para a implantação do capital ou para a existência da história (como capacidade coletiva de autodeterminação). Eles não negaram a probabilidade de uma difusão do socialismo nesses países dependentes, pobres e atrasados. Mas postularam a alternativa: sob a implantação prévia do desenvolvimento capitalista, este precisaria chegar ao ponto no qual a classe operária pudesse disputar o poder para instaurar o socialismo; ou partir direto de uma situação pré-capitalista para a absorção e difusão do socialismo. As questões foram abordadas sob enfoques distintos com referência à Rússia e à Índia. A ausência de premissas históricas favoráveis provocaram a predominância de uma visão do socialismo segundo a qual ele constituiria uma técnica social extremamente eficaz de aceleração do desenvolvimento. Mesmo Trotsky apoiou-se nessa perspectiva histórica para salientar a eficácia da transição socialista, mesmo deformada. Os acontecimentos nos dias que correm evidenciam que, sem abandonar esse enfoque, devemos alargá-lo e insistir na cadeia de causas e efeitos que pode permanecer ausente se não se mantiver firmemente a concepção marxista originária de uma revolução global, em todos os níveis da vida e em todos os níveis dos valores fundamentais.

A centralização do poder das classes subalternas e de setores radicais constitui um meio crucial para diminuir ou inverter suas desvantagens nas lutas políticas contra as classes dominantes e o governo. Pode, inclusive, ser o elemento determinante de vitórias pela reforma social profunda e pela revolução social. Sabe-se, comprovadamente, que esse elemento também favorece o que se poderia chamar de gigantismo partidário. Em determinadas circunstâncias, o partido substitui a vontade coletiva da classe revolucionária hegemônica e de seus aliados, orgânicos e eventuais. O partido lidera e comanda, decide como ocupar ou conquistar o poder, e nele permanece anulando a oposição de outros partidos de esquerda. Nasce, assim, o partido único, que pode ir além, assumindo o controle indireto e direto de órgãos revolucionários democráticos vitais. O exemplo típico se evidencia na evolução dos sovietes (conselhos populares) na Revolução Russa. Trata-se de uma evolução natural, que não procede da intenção de colher benefícios. A rigidez do quadro institucional do sistema de poder e o baixo nível da democratização geral da sociedade civil secretam essa probabilidade e acarretam o aparecimento de soluções imprevistas e extrassocialistas de ordenamento da sociedade emergente. Em conjunto, isso demonstra que, para o socialista revolucionário, a democracia não é apenas fim ideal. Ela também é meio – e meio que deve diferenciar-se e expandir-se à medida que a revolução atinge picos mais altos.

Os países da periferia contam ainda com outros fatores de perturbação do processo revolucionário, por mais íntegros que sejam os líderes da revolução e por mais devotados que se mostrem quadros e militantes. O Brasil não se inclui como exceção nesse quadro. O próprio desenvolvimento capitalista associado e dependente gera muitos vazios políticos, que perturbam o funcionamento e evolução da ordem social, cavando ciladas aos agentes históricos individuais e coletivos da vitória do nacionalismo revolucionário e do socialismo. Daí a importância de infundir a maior profundidade possível às reflexões teóricas e práticas sobre o curso da evolução da sociedade nova pós-revolucionária. Em regra, prevaleceu a preocupação pelas condições materiais e a aceleração do desenvolvimento econômico. Só em Cuba, durante algum tempo, se deu atenção às compensações morais e ao horizonte cultural do "homem novo". O que parecia um absurdo lógico e político até hoje, a interdependência entre socialismo e comunismo desde os passos iniciais, ganha significação crítica construtiva. O núcleo da questão não tem nada a ver com uma evolução conjugada. Ele está no fato de que, a cada avanço, o socialista não dissocia os progressos conquistados dos fins materiais, políticos e morais últimos. Vira-se a aparente "conquista socialista" pelo avesso, para descobrir seu grau de congruência com os valores centrais (ou sistema axiológico) que a sustentam.

O que se evita? Algo evidente por si mesmo: que a aspereza da transição socialista, particularmente nas etapas de destruição da herança capitalista e de lançamento dos alicerces da sociedade nova e do homem novo – e também da civilização nova –, desencadeie contaminações e distorções indesejáveis, por incompatibilidades frontais com o socialismo maduro e com o comunismo.

A discussão desses dilemas não é precoce (e mereceu a atenção dos maiores expoentes do marxismo). Pois ela desvela algo que não podemos nem devemos esquecer no PT. A socialização socialista (ou a educação para o socialismo) precisa levar em conta o que vem do passado remoto e recente, o que conta incisivamente no presente e o que provém de premissas em gestação para a produção do futuro. Parodiando Lenin, poderíamos dizer: sem consciência social socialista nada conseguiremos! Nem a transformação e a revolução dentro da ordem (em sentido capitalista) será possível. Nem a revolução dentro da ordem (em sentido socialista) e a construção de uma sociedade socialista estará ao nosso alcance. Não basta um ABC do socialismo (ou do comunismo) para arrancar da natureza humana do militante e do simpatizante o aburguesamento em que ele está engolfado e no qual apodrece. É necessário avançar muito mais e engendrar nele uma segunda natureza humana, socialista, aferida para que ele se liberte do passado e do presente e aspire a erigir, para si e para os outros, uma sociedade socialista aberta para o advento do comunismo.

À luz desses imperativos, mais engatinhamos do que progredimos a passos largos na luta pelo socialismo. Somos vítimas de uma herança empobrecedora e opressiva. Mas não correm por aí as nossas dificuldades essenciais. No PT prevalece uma predisposição muito forte por realizações e ganhos relativos na competição pelo micropoder, o poder pequeno que nasce na estrutura hierárquica do partido e das probabilidades de mando que ela confere. Há também uma ambição clara de chegar ao poder institucionalizado, intrínseco à ordem social vigente, o que envolve a instrumentalização do partido para a satisfação de objetivos pessoais e de grupos congeniais. A retórica socialista apura sua supremacia sobre a preocupação de dar primazia à educação para e pelo socialismo. A denúncia nua e crua de realidades pungentes, de que é tão rica a sociedade brasileira, ajuda o uso dessa retórica e a sua propagação. O PT concorre, assim, com o populismo dos partidos tradicionais e corre o risco de se perder, como eles, numa variante do politicismo à esquerda. Podemos ou não vencer essa barreira? Parece óbvio que sim: ela não se generalizou ainda de modo intenso e extenso. Ninguém deseja que o PT se torne modalidade mais atraente, séria e sólida de populismo. E prevalece entre numerosos petistas a disposição de percorrer a trajetória que deriva da versão mais radical de socialismo.

As minhas experiências mostraram como, tanto nos ambientes mais rústicos quanto nos grupos articulados mais treinados, impera a sede de aprender e de discutir a fundo o socialismo. Não foi a "crise do Leste" nem a suposta "morte do socialismo" que despertou essa curiosidade ansiosa. Defrontei-me com ela em 1986 e constato que ela queima como fogo em brasa nos dias que correm. O que compele auditórios grandes e pequenos a sustentar as mesmas indagações? Acredito que é a crença de que o PT não trairá os de baixo e que o socialismo que ele propaga oferece respostas cabais aos enigmas da sociedade brasileira e do futuro da humanidade. São pessoas – jovens, adultos e velhos – que descobriram, por vias próprias, que o capitalismo se exauriu e que, em seu clímax, só satisfaz aos anseios mais ínfimos dos seres humanos. São pessoas que não buscam uma aventura, pois fazem muitos sacrifícios para se instruir no assunto e manter uma visão crítica de suas aspirações socialistas. São pessoas que confiam no futuro e querem descortinar nele outro estilo de vida, outros interesses, outros valores – em síntese, uma civilização na qual a barbárie não represente o fim da história, o aniquilamento da utopia e a morte global.

A discussão precedente encerra-se com uma conclusão tautológica: é preciso possuir uma consciência social socialista para querer o socialismo. Pode o PT sobrepujar obstáculos aparentemente intransponíveis e ser o principal veículo da implantação do socialismo no Brasil? Não estará ele marchando a favor da corrente interna e mundial que favorece os partidos "neoliberais" (eufemismo para designar partidos reacionários e conservadores) e os partidos social-democratas, que se identificam com um "socialismo de coabitação", instrumental para a reforma capitalista do capitalismo? As controvérsias entre as figuras mais expressivas das várias tendências que dividem o partido revelam que, no tope, existe uma propensão arraigada para restringir o campo de ação política à transformação da ordem ou à revolução dentro da ordem (nos dois sentidos contrastantes indicados). As lições tiradas da "crise do socialismo real" são equivocadas e perfilham tendências social-democratas, ou de um ambíguo "socialismo democrático", que condenam as classes trabalhadoras e os movimentos populares radicais e revolucionários à castração social-democrática. Nas bases, as manifestações se dispersam, naturalmente, pela influência quase hegemônica dessas lideranças, todas reformistas, e como efeito do tipo de organização vertical- -horizontal, que eleva demais os militantes e os quadros por sua situação de classe, por suas categorias sociais e por suas tendências. O "petismo como modo de ser", ou "como estado de espírito", sofre um esfarelamento, resultante do modelo organizatório e administrativo mais adequado à transferência do micropoder para as instâncias dirigentes, dos diversos níveis, que à articulação ideológica e politicamente unificada das massas. Trata-se de um estranho paradoxo, que é superado nos momentos de intensa mobilização e graças ao talento de comunicação do Lula.

Ao se considerar as massas heterogêneas e, em especial, as bases ou os simpatizantes do PT, o quadro mais frequente vai muito além dessa média opaca. O clamor dos de baixo não se confunde com a "consciência socialista indignada" do tope. A ressonância do discurso-denúncia, característico dos maiores líderes do partido e da retórica socialista flamejante, mostra que as massas buscam no PT rupturas irreversíveis, que ponham em questão todas as tarefas políticas arroladas acima. Os trabalhadores, sindicalizados ou não, tomados como classe, estão alinhados com posições ofensivas predominantemente explosivas, dado o grau de ressentimento contra a ordem que ostentam. A identificação com o Lula é a contraface dessa propensão psicossociológica coletiva e ela se objetiva de modo perturbador para os de cima, pois a alegria espontânea não disfarça a raiva latente e o irrefreável ranger de dentes. O partido não tenta aproveitar politicamente as potencialidades do comportamento coletivo e permite que ele se dissipe nos fins institucionalizados e regulados pela ordem, no plano da representação e das eleições ritualizadas. Tampouco lhe infunde uma duração permanente e conteúdos ideológicos contra a ordem, restringindo-se a colher os frutos das mobilizações mais imediatistas. Atitudes e comportamentos coletivos, que convergem para a negação da ordem, acabam escapando entre os dedos dos dirigentes, como se eles temessem "perder o controle das massas" (por estarem conscientes das limitações organizativas do partido) e as irrupções virulentamente defensivas dos de cima, cujo ódio se abateria destrutivamente sobre o PT.

Esse é um painel perturbador. O PT, cuja lealdade aos de baixo permanece indiscutível, não ousa converter todo o poder real que recebe deles num aríete político, forçando os meandros da ordem às reivindicações e protestos dos trabalhadores e de seus aliados orgânicos. Ora, o que a ordem abre ou tolera – por cálculo ou por reação autodefensiva – fecha as vias do tráfego radical em matéria de reforma e de revolução. Os que se compõem cedem, em troca, a incógnita do que poderiam fazer por meio da radicalização progressiva organizada. Em vista das travas à mudança social, sob controle das classes dominantes e do aparelho repressivo do Estado, nenhuma das tarefas políticas específicas do PT serão postas em prática sem riscos crescentes. Por isso, não existe outra alternativa: ou embarcar na ânsia modernizadora das elites "neoliberais" nativas e estrangeiras, ou romper a estabilidade da ordem para forjar uma nação e estabelecer circuitos de ida e volta entre ela, a sociedade civil e o Estado.

As rupturas decorrentes acabarão fermentando ao máximo a luta de classes e as probabilidades de uma "volta ao passado", com golpes de Estado e contrarrevoluções. Ou ensinarão aos de cima que precisam aprender o que é "desobediência civil", a arte da tolerância e o valor da democracia pluralista *para eles próprios*.

Os talentos teóricos do partido, citando Gramsci, falam no recurso à "guerra de posição" e à "guerra de movimento". Expõem saltos de planos táticos a planos estratégicos, que nasceram de revoluções prévias às descobertas da ciência e da tecnologia avançada durante ou depois da Segunda Guerra Mundial. Esses argumentos são pura fantasia. Engels previra, com razão, porque as lutas de barricadas se viram obsoletizadas como técnica social revolucionária. Hoje, enfrentamos uma situação análoga. Está por ser inventada uma nova tecnologia de agitação social, de reforma por meios violentos de revolução. A nova tecnologia repressiva e antissubversiva já foi descoberta e tem sido aplicada pelos países centrais, dentro de suas fronteiras e na periferia. Os revolucionários precisam se resguardar e inventar processos de lutas políticas tão eficazes quanto os que protegem a ordem capitalista em escala mundial. Mas não podem ficar inativos, pois perderiam o contato com a realidade e a aptidão para gerar a tecnologia revolucionária de que carecem.

No que conceme ao PT, duas coisas se evidenciam como prementes. Primeiro, a combinação entre classe e movimentos sociais precisa sair da esfera burocrática e dos comícios. Até hoje o partido não estudou a fundo o regime de classes sociais. São incríveis as confusões que líderes de responsabilidade cometem por ignorância palmar ou como consequência de comparações acadêmicas insustentáveis. Mas estudou menos ainda os movimentos sociais (como o dos negros, o agrário, o dos trabalhadores em educação, o estudantil, o das mulheres etc.). Esses movimentos possuem conteúdos reformistas e revolucionários que não podem ser ignorados e que devem ser entendidos na sua confluência dialética com a luta de classes e o movimento sindical. O movimento negro é o melhor exemplo. O significado revolucionário explícito e larval da raça, como categoria social, contém implicações e desdobramentos insondáveis. Pensar a revolução como possível, no Brasil, sem pôr lado a lado classe e raça, equivale a desperdiçar um arsenal nuclear que nunca funcionará como um todo dentro da ordem. O partido precisa realizar uma rotação para se desprender do horizonte cultural burguês e do seu senso comum, feito de estigmatizações e preconceitos, para encarar de frente o Brasil real e suas exigências históricas irreprimíveis.

A segunda coisa que se tem de examinar melhor é o campo da esquerda encarado como totalidade. Os vários setores e facções de classes da burguesia são capazes de entrosar interesses divergentes quando se sentem (ou supõem que se sintam) ameaçados. Reacionários, conservadores, liberais e progressistas, na iminência de uma catástrofe social, unem-se ofensivamente e transferem para o Estado, utilizando-se da tutela militar, a garantia da estabilidade da ordem. Os de baixo não se entendem através dos movimentos fortes, por cima; o perigo aguça suas divisões e até suas lutas fratricidas. O PT não pode se eximir da obrigação fundamental de congregar as verdadeiras forças sociais inconformistas e de esquerda. Todas as divergências podem ser articuladas, desde que exista um elemento aglutinador que arque com a responsabilidade de resguardar as posições mais avançadas que se patenteiem como viáveis e necessárias. O segredo da união possui uma raiz simples: os que não avançarem ficarão isolados e serão vilipendiados pelas massas. Se um só tentar, se ele vencer sem os partidos fraternos, obterá a vitória sozinho. Essa reflexão reduz a equação à expressão elementar. O fato é que o padrão de imperialismo do capitalismo oligopolista da era atual deixa poucas saídas à difusão, implantação e evolução do socialismo e do comunismo na periferia. A esquerda precisa explorar uma estratégia de união, defensiva e ofensiva, para lograr êxito. Assim mesmo, alguns exemplos concretos demonstram que se estreitou, por enquanto, a margem de lutas políticas decisivas e as probabilidades correlatas de derrota. Por isso, as soluções que se originam dos diferentes grupos de tarefas políticas do PT e sua força relativa, proveniente da centralização do poder real das classes trabalhadoras e seus aliados orgânicos, impõem que toda a esquerda se entenda como condição número um para proceder ao desmoronamento da sociedade burguesa e da civilização capitalista.